VII. Weltmeisterschaft der

LEICHTATHLETIK

in Sevilla 21.–29. August 1999

TDK TDK

JUTTA DEISS

LEICHTATHLETIK WM ´99

Fotos von SVEN SIMON

COPRESS SPORT

Inhalt

mita
406
SEVILLA '99

adidas

Sevilla brachte Zuversicht für Sydney

Neun ereignisreiche und spannende Leichtathletik-Tage der 7. IAAF-Weltmeisterschaften liegen hinter uns, und diese Dokumentation soll die Erinnerung an dieses Ereignis wachhalten, das die Organisatoren als »die letzte große Sportveranstaltung des 20. Jahrhunderts« ausgezeichnet hatten. Angesichts faszinierender Wettkämpfe, einer hervorragenden Atmosphäre im Stadion und vieler Erfolge der deutschen Teilnehmerinnen und Teilnehmer wird es nicht schwerfallen, die Weltmeisterschaft von

Sevilla in angenehmer Erinnerung zu behalten. Für die fachkundigen und einfühlsamen Texte in diesem Buch danke ich Frau Jutta Deiss, für die aussagekräftigen Fotos der Agentur Sven Simon.

Geschlossener Mannschaftsauftritt

»Mehr Licht als Schatten« könnte man als kurzes Fazit des Deutschen Leichtathletik-Verbandes zu dieser Weltmeisterschaft ziehen. Vier Weltmeistertitel, zwölf Medaillengewinne und 33 Endkampf-Plazierungen sind die überaus erfreuliche sportliche Ausbeute, aus der sich Rang zwei der Nationenwertung und Platz drei im Medaillenspiegel errechnen. Die deutsche Leichtathletik hat sich in Sevilla in Topform präsentiert und ihre Stellung unter den leistungsstärksten Nationen nicht nur gefestigt, sondern weiter ausgebaut. Viele junge Athleten waren an diesen Erfolgen beteiligt. Das läßt sowohl für das Großereignis des kommenden Jahres, die Olympischen Spiele in Sydney, als auch für die folgenden Jahre erhoffen, daß die positive Erfolgsbilanz der WM 1997 in Athen, der Europameisterschaften 1998 in Budapest und nun der WM 1999 in Sevilla zumindest mittelfristig fortgesetzt werden kann. Die überzeugenden Erfolge der deutschen Nachwuchs-Leichtathleten bei der U23-Europameisterschaft und der Junioren-EM verstärken diese Hoffnung noch.
Im Zusammenhang mit den sportlichen Erfolgen muß man auch das positive Auftreten der DLV-Mannschaft bei dieser Weltmeisterschaft erwähnen. Trotz der Größe des Teams präsentierten sich die DLV-Athleten in Sevilla nicht als eine Gruppe von Individualisten, sondern als geschlossene Mannschaft, die – im Gegensatz zu früheren Großereignissen – auch den verletzungsbedingten kurzfristigen Ausfall wichtiger Leistungsträger wie Heike Drechsler, Tanja Damaske und Frank Busemann kompensieren konnte. Medien, Vertreter von Regierung und Parlament, Sponsoren und Wirtschaftspartner haben den Deutschen Leichtathletik-Verband, seine Athleten und Betreuer in Sevilla als offenen und zuverlässigen Partner schätzen gelernt. Auch in dieser Hinsicht kann die 7. Weltmeisterschaft für die deutsche Leichtathletik als wichtiger Schritt auf dem Weg zu einem modernen Sportverband gesehen werden.

Lichtblicke in den Laufdisziplinen

Neben den vielen positiven Ergebnissen darf man aber auch die »Schatten« nicht übersehen. Wieder beschränkten sich die sportlichen Erfolge des DLV-Teams auf einzelne Disziplinbereiche, insbesondere die Wurfübungen. Trotz eines Deutschen Rekords durch Irina Mikitenko, eines weiteren vierten Ranges durch Damian Kallabis und erfreulichen Plazierungen der Marathonläuferinnen ist die Weltspitze im Langstreckenlauf den besten deutschen Läufern und Läuferinnen weit enteilt. Die Ergebnisse belegen aber auch, daß innerhalb Europas der Anschluß bereits wieder gelungen ist. Auch im Männer-Sprint kann man hoffen, daß junge Talente das Tief der vergangenen Jahre demnächst überwinden.

Begeistertes Publikum

Für die Welt-Leichtathletik haben die Tage von Sevilla einige wertvolle Hinweise für die zukünftige Entwicklung gegeben. Daß im Vorfeld mehrere spektakuläre Dopingfälle aufgedeckt wurden, hat der Meisterschaft nicht geschadet und ist von jenen, die die ethischen Grundlagen des Hochleistungssports verstanden haben, als bedeutsamer Schritt im Anti-Dopingkampf aufgenommen worden. Die schwierige klimatische Situation mit hohen Temperaturen war zwar vorher bekannt und von den Athleten entsprechend vorbereitet, muß aber zu einem den sportlichen Bedürfnissen angepaßten Zeitplan führen. Gerade die Straßenwettbewerbe außerhalb des Stadions mit ihrer großen Anhängerschar weltweit haben eine größere Rücksichtnahme verdient.
Für die Stadt Sevilla war die Weltmeisterschaft ein Schritt auf dem Weg zu einer geplanten Olympia-Bewerbung. Das funktionelle neue Stadion mit seiner eindrucksvollen Architektur, die wunderschöne Altstadt, die hervorragenden Mannschaftsquartiere und nicht zuletzt die Gastfreundlichkeit und Begeisterungsfähigkeit der Andalusier haben Athleten und Zuschauer aus aller Welt begeistert.
Den Lesern dieser Dokumentation wünsche ich, daß sie bei der Lektüre des Buches einen Hauch der Begeisterung für die Leichtathletik spüren, die zwischen dem 20. und 29. August 1999 in Sevilla fühlbar war. Die 7. Leichtathletik-Weltmeisterschaft war ein unvergeßliches Fest des Sports. Die Erinnerung daran wird durch dieses Buch wachgehalten.

Prof. Dr. Helmut Digel
Präsident des Deutschen Leichtathletik-Verbandes

Brückenschlag in den Olymp:
Die ganze Welt blickte gespannt nach Sevilla, als die südspanische Stadt ihrer geplanten Olympia-Bewerbung als vorzüglicher Ausrichter der VII. Leichtathletik-Weltmeisterschaften Nachdruck verliehen hat.

Goldener Start: Über 100 Meter gewann die 23jährige US-Amerikanerin Marion Jones mit einer Zeit von 10,70 Sekunden den ersten ihrer angepeilten vier WM-Titel. Der Medaillen-Traum hatte begonnen …

Frauen: Kurzstrecken Staffeln

mita
58
SEVILLA '99
USA

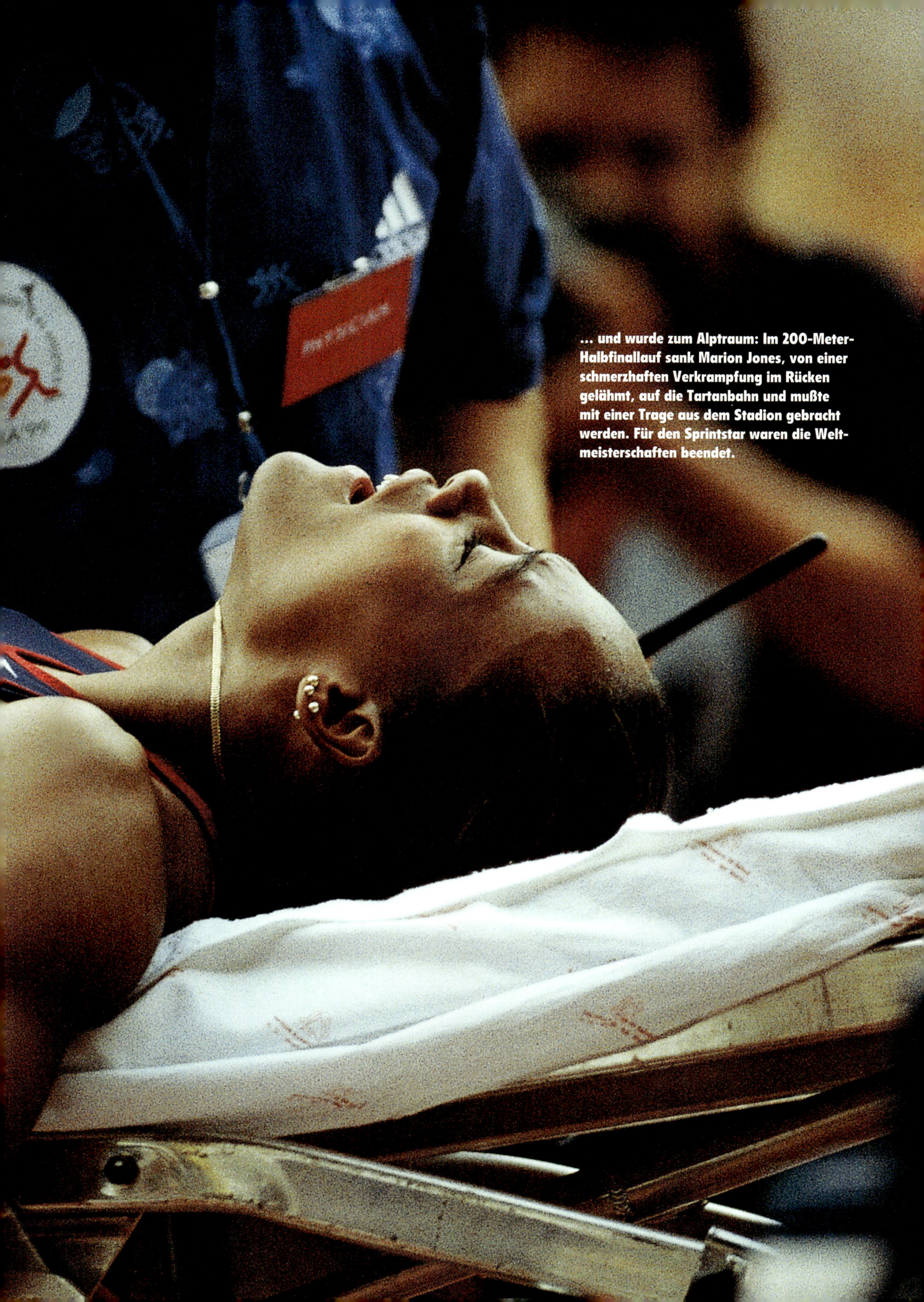

… und wurde zum Alptraum: Im 200-Meter-Halbfinallauf sank Marion Jones, von einer schmerzhaften Verkrampfung im Rücken gelähmt, auf die Tartanbahn und mußte mit einer Trage aus dem Stadion gebracht werden. Für den Sprintstar waren die Weltmeisterschaften beendet.

mita
mita
DIMA
8
DIMA
7
DIMA
6
DIMA
5
SEIKO

Starker Antritt: Die Dortmunderin Esther Möller verpaßte den Einzug ins Halbfinale nur knapp. Mit persönlicher Bestzeit (22,85 Sekunden) schied die schnelle Blonde als Viertelfinal-Sechste aus.

Das kann doch nicht wahr sein! Erst mit dem Blick auf die Anzeigetafel realisierte Anja Rücker, daß sie soeben die Silbermedaille über 400 Meter gewonnen hatte. Mit geschlossenen Augen war die sympathische Jenaerin in persönlicher Bestzeit (49,74 Sekunden) hinter Cathy Freeman (Australien; 49,67) und vor Lorraine Graham (Jamaika; 49,92) über die Ziellinie gelaufen.

Rivalinnen der Rennbahn: Die Französin Christine Arron (rechte Seite) sorgte mit unzweideutigen Äußerungen über die bedenklich kurzen Regenerationszeiten einiger ihrer Kolleginnen für Disharmonie unter den Sprint-Ladys. Im schnellsten 100-Meter-Rennen der Geschichte – sechs Läuferinnen blieben unter elf Sekunden – mußte sich die Europameisterin mit dem sechsten Platz begnügen.

Frauen: 100 Meter

Marion Jones: Der Gold-Plan rollt an ...

Wenn Marion Jones auf eine Bühne tritt, ist es so ähnlich wie auf der Laufbahn: Es sind zwar noch andere da – aber irgendwie nimmt man nur noch eine wahr. Die Amerikanerin zieht die Aufmerksamkeit magisch an – und sie tut das mit schnellen Beinen und energischen Worten. »Wenn schnelle Zeiten gefragt sind: Ich bin bereit«, erklärte die Titelverteidigerin und lockte die Öffentlichkeit durch die Verlautbarung ihres Managers Charles Wells schon vor dem ersten Sprint auf die goldene Spur: Sie wolle in Sevilla vier Titel gewinnen – 100 Meter, 200 Meter, Weitsprung und selbstverständlich mit der 4 x 100-m-Staffel. »Ja, stimmt«, bestätigte Marion Jones nach dem ersten Sieg über 100 Meter strahlend – »das heißt: Wenn man die ganze Familie nimmt, sogar fünf ...« Am Abend zuvor hatte sie voller Stolz erlebt, wie ihr satt drei Zentner schwerer Koloß von Ehemann die Kugel weiter als alle anderen hinauswuchtete. C.J. Hunter – die schnelle Gazelle und der Schwergewichtler haben am 3. Oktober 1998 geheiratet – wiederum übte Schattenboxen vor Freude, als Marion Jones Teil eins des familiären Plansolls auch erfüllte. Nach den ersten beiden Siegen waren schon einmal 120000 Dollar in der Haushaltskasse.

10,70 Sekunden brauchte die 23jährige und kokettierte rasch nach dem ersten Verschnaufen mit dem vorgelegten Tempo: »Nicht so schlecht, oder?« Und schon sang sie das Loblied auf sich, die Konkurrentinnen und die Hymne auf ihre Zukunft. »Es ist doch wundervoll für die Leichtathletik, daß es Frauen gibt, die so konstant schnell laufen.« Und da nun auch noch Amerikaner so viele Medaillen gewännen, sei dies ja auch für die heimische Fernsehpräsenz hoffnungsvoll.

Doch weil die Welt für Marion Jones keine Grenzen zu kennen scheint, sei auch ihr mittel- und langfristiges Ziel schon einmal genannt: In Sydney sollen es bitteschön dann fünf eigene goldene Medaillen (sie plant den zusätzlichen Start in der 4-mal-400-m-Staffel) sein – und ganz generell ist klar: »Wenn ich einmal aufhöre, dann möchte ich schneller gelaufen und weiter gesprungen sein als alle anderen Frauen in der Welt.«

Nun wissen wir inzwischen, daß sie die Teilstrecke eins in Sevilla nach einer Verletzung bei weitem nicht so erfolgreich abgeschlossen hat, wie sie sich das vorgestellt hatte. Aber an diesem Abend nach dem 100-m-Finale war noch alles im Lot – nur die Kon-

Golden Girl: Marion Jones

Marion Jones (USA), geboren am 12. Oktober 1975 in Los Angeles.
Maße: 1,78 m, 68 kg.
Größte Erfolge: Weltmeisterin 1997 (100 und 4x100 m).
Champion-Spruch: »Ich möchte hier vier Medaillen gewinnen. Entschuldigung – fünf, wenn man die ganze Familie mitzählt ...«

100 m Frauen

WR: Florence Griffith-Joyner (USA) 10,49 Sek. (1988)

Finale am 22. August 1999

1. Marion Jones (USA) 10,70 Sek.
2. Inger Miller (USA) 10,79 (PB)
3. Ekaterini Thanou (Griechenland) 10,84

kurrentinnen wagten den einen oder anderen Einwurf. Die Zweitplazierte Inger Miller (USA) beispielsweise erklärte schon mal trotzig, dies hier sei schließlich keine »›One-Woman-Show‹ – abwarten ...« Und die griechische Bronzemedaillengewinnerin Ekaterini Thanou ahnte: »Jones scheint unschlagbar, aber wir sind alle nur Menschen, und jeder kann einmal einen schlechten Tag haben – auch Marion.«

Nicht genügend Pausen?

Christine Arron, die 1998 bei den Europameisterschaften in Budapest Europarekord (10,73 Sekunden) gelaufen war und damals mit ihrem sensationellen Auftritt die Hoffnung nährte, eine Europäerin könnte der schwarzen Lady aus North Carolina gefährlich werden, wurde im schnellsten 100-Meter-WM-Finale aller Zeiten Sechste – und wunderte sich. Oder besser: Sie wunderte sich nicht. Schon vor dem Endlauf hatte die Französin mit überzeugenden und mutigen Aussagen ohne Scheu ihre Wahrnehmung der Dinge kundgetan. Überzeugt sei sie, daß auch heute noch viel gedopt werde. »Wenn ich andere sehe, wie sie dreimal in der Woche Rennen laufen, die ganze Zeit reisen und quasi im Flugzeug regenerieren, finde ich das erstaunlich.« Schließlich wisse sie aus eigener Erfahrung, wieviel Zeit sie für die Erholung ihres Körpers einplanen müsse.

Die alte und neue Weltmeisterin gehört nicht zu ihren Vorbildern. Im Gegenteil: Marion Jones sei »kalt und distanziert«. Arron: »Ich habe keine Lust, meine Zeit an Leute zu verschwenden, die in ihrer eigenen Welt leben.«

Die Auseinandersetzung der schnellen Ladys erlebte die schwärzeste Stunde der Saison vor Sevilla: Wenige Tage vor dem Beginn der Titelkämpfe war bekannt geworden, daß eine A-Probe der vielfachen Medaillengewinnerin Merlene Ottey positiv getestet worden war. Die Spuren anaboler Steroide waren zwar noch nicht in der Gegenprobe bestätigt – aber der 39jährige Superstar verzichtete freiwillig auf die WM.

Von den Schatten-Frauen freilich war nicht die Rede, als Marion Jones ins Rampenlicht trat, um ihre Goldmedaille abzuholen. Die Siegerehrung der schnellsten Frauen der Welt übernahmen übrigens stolz die mächtigsten alten Männer des Sports: Seite an Seite schritten der Leichtathletik-Weltverbands-Präsident Primo Nebiolo und der Präsident des Internationalen Olympischen Komitees, Juan Antonio Samaranch, zum Medaillentreppchen und ließen sich Küßchen geben.

Zeichen gesetzt: Inger Miller
Inger Miller (USA), geboren am 12. Juni 1972 in Los Angeles. Maße: 1,63 m, 55 kg.
Größte Erfolge: Vize-Weltmeisterin 1999 (100 m), Olympia-Vierte 1996, Weltmeisterin 1997 und Olympiasiegerin 1996 (4 x 100 m Staffel).
Champion-Spruch: »Marion Jones ist noch so jung. Sie hat das noch vor sich. Ich wollte heute auch ein Zeichen setzen.«

Frauen: 200 Meter

Andrea Philipps Hürdenlauf zur Sprintmedaille

Mitternacht war schon lange vorbei, und Andrea Philipp hatte sich nach ihrem furiosen 200-Meter-Endlauf schon seit Stunden damit abgefunden, daß sie in 22,26 Sekunden ein glänzendes 200-Meter-Rennen gelaufen und gleichauf mit Merlene Frazer ins Ziel gekommen war, daß die Bronzemedaille aber allein der Jamaikanerin gehören würde. Der Deutsche Leichtathletik-Verband hatte zwar gleich zwei Proteste gegen die Wertung des Rennens eingelegt, aber es ist immer ein schlechtes Zeichen, wenn die Siegerehrungen dennoch stattfinden. Und auf dem Treppchen standen ganz eindeutig: Die Siegerin Inger Miller und die beiden Jamaikanerinnen Beverly McDonald und Merlene Frazer. Und wo war Andrea Philipp?

Die 28jährige Dortmunderin hatte sich den Lauf noch einmal auf der Videowand angeschaut, dreimal leer geschluckt und sich dann wacker den wartenden Journalisten gestellt. Mit bloßem Auge war nicht ein Millimeter Unterschied zwischen ihr und der drittplazierten Merlene Frazer zu erkennen. Aber Andrea Philipp reagierte fast stoisch. Noch sah man keine Träne, keinen Wutausbruch, keine Verzweiflung. Nur der Versuch, das Beste daraus zu machen und ein bißchen Freude zu vermitteln. »Ich hatte noch nie Glück im Lotto«, sagte die zurückhaltende Athletin mit dem bubikopfkurzen Blondschopf. Ein bißchen resigniert zuckte sie mit den Schultern: »Ich habe mein Bestes gegeben. Sollen die anderen entscheiden, was ich dafür bekomme.« Sie hatte nicht nur ihr Bestes gegeben – sondern auch Besseres als je zuvor: Im Halbfinale war die 28jährige Bundeswehr-Obergefreite in 22,25 Sekunden persönliche Bestzeit gerannt. Im Finale – sie war übrigens die einzige Europäerin – hatte sie diese wiederum nur um eine Hundertstel verpaßt. Aber dann: Vierte zeitgleich mit der Dritten und dennoch dahinter – das war unverständlich.

Andrea Philipp verabschiedete sich mit dem knappen Hinweis, daß sie »total kaputt« sei und fuhr ins Mannschaftshotel. Stunden später brachte Cheftrainer Bernd Schubert die

gute Nachricht – und da, erzählte Andrea Philipp am anderen Morgen, »bin ich erst einmal zusammengebrochen. Dann flossen die Tränen und anschließend der Sekt.«
Ein Hoch auf Andrea Philipp, deren Sprint zu Bronze zum stundenlangen Hürdenlauf geworden war: Die Jury des Internationalen Leichtathletik-Verbandes hatte dem Protest stattgegeben und beide Athletinnen gemeinsam auf den Bronze-Rang gesetzt. Ein zweiter Protest gegen Beverly McDonald wurde abgewiesen: Zwar hatte die Vize-Weltmeisterin tatsächlich unterwegs ihre Bahn verlassen – allerdings nahm sie dadurch einen Umweg und keine Abkürzung.

Miller: »Jones hat noch Zeit«

Unumstritten war also nur die Siegerin ins Ziel gekommen. Und die heißt Inger Miller und nicht Marion Jones. Denn das Drama um die 100-Meter-Weltmeisterin hatte im Prolog des Showdowns gespielt. 200-Meter-Halbfinale: Marion Jones bog als Dritte auf die Zielgerade ein, stoppte plötzlich abrupt, krümmte sich und stürzte zu Boden. Helfer hoben sie sanft auf und rollten sie auf einer fahrbaren Trage von der Bahn. Von da an erreichten die Berichterstatter quasi stündlich neue Bulletins über das Befinden des gestrauchelten Stars. Selbst IAAF-Präsident Primo Nebiolo ließ schriftlich sein Bedauern verbreiten: »... und Millionen Fans rund um den Globus fühlen bestimmt genauso« (Nebiolo). Fakt war: Marion Jones wurde von einer starken Verkrampfung in der hinteren Rückenmuskulatur abgebremst. Nicht die Verletzung war dramatisch, sondern die Szene – und die Tatsache, daß die WM ihren Fixstern verloren hatte. Die neue 200-Meter-Weltmeisterin Inger Miller sah das verständlicherweise eher nüchtern: »Ach, Marion Jones ist noch so jung. Sie hat noch genug Zeit, ihre Ziele zu erreichen.« Die Amerikanerin, die wie Maurice Greene zur Trainingsgruppe des Coach-Gurus John Smith gehört, war sichtlich zufrieden, daß das Sprint-Geschehen nicht zur Single-Show entartet ist: »Ich wollte auch ein Zeichen setzen.«

200 m Frauen

WR: Florence Griffith-Joyner (USA) 21,34 Sek. (1988)

Finale am 27. August 1999

1. Inger Miller (USA) 21,77 Sek.
2. Beverley McDonald (Jamaika) 22,22 (PB)
3. Andrea Philipp (Dortmund) 22,26 und Merlene Frazer (Jamaika) 22,26

Bronze-Lauf: Andrea Philipps 200-Meter-Rennen war nach fabelhaften 22,26 Sekunden beendet – die verdiente Medaille erhielt sie nach erfolgreichem DLV-Protest erst sehr viel später.

Frauen: 400 Meter

Der Aufstieg der Anja Rücker und der Fall der Grit Breuer

Party-Time: Cathy Freeman
Cathy Freeman (Australien), geboren am 16. Februar 1973 in Mackay.
Maße: 1,64 m, 52 kg.
Größte Erfolge: Weltmeisterin 1997, Olympia-Zweite 1996.
Champion-Spruch: »Ich war so glücklich und erleichtert, diese Ziellinie zu überqueren. Und jetzt wird gefeiert.«

Anja Rücker hockte auf der Bahn, schaute auf die Videotafel und schlug die Hände vors Gesicht: Silber? Zweite? Darf das wahr sein? Es durfte.

Grit Breuer ging in die Knie, schaute nirgendwo hin und verbarg ihr Gesicht in den Händen. Siebte? Darf das wahr sein? Es durfte.

Der furiose Aufstieg von Anja Rücker zur Vize-Weltmeisterin über 400 Meter und der entsetzliche Fall von Grit Breuer auf den siebten Platz zeichneten die spannungsgeladene Dramaturgie einer Stadion-Runde, in der die Titelverteidigerin Cathy Freeman (Australien) mit ihrem Sieg die Hoffnungen auf einen goldenen Lauf im olympischen Rennen von Sydney im Jahr 2000 nährte. Mit persönlicher Saison-Bestleistung (49,67 Sekunden) wurde die Australierin Weltmeisterin. Sie war es auch, die ganz unverblümt die Verblüffung am treffendsten in einem Satz beschrieb: »Ich merkte, daß mir rechts jemand sehr nahe kam. Aber ich habe Grit Breuer erwartet. Deswegen bin ich ein bißchen überrascht.«

Nichts soll dem formidablen Lauf (49,74 Sekunden) der 26 Jahre alten Jenaerin den Sensationscharakter rauben. Nur die eine Bemerkung sei gestattet, die dem Silber den Glanz nicht raubt: Anja Rücker hatte sich in Sevilla von Lauf zu Lauf gesteigert – und sie rennen zu sehen, signalisierte all ihr Selbstbewußtsein, ihre Unbeschwertheit und ihre Entschlossenheit, zum guten Schluß im Finale ein Ausrufezeichen zu setzen. Eine innere Stimme muß ihr zugeflüstert haben, daß ihre Stunde in Sevilla schlägt. »Es konnte gar nichts mehr schiefgehen. Ich wußte, daß ich unter 50 Sekunden laufen kann.« Pulver in den Beinen, Flügel am Herzen, und im Kopf hämmerten die Worte der Trainerin Karin Balzer: »Laufen, laufen, laufen. Nicht nach rechts und nicht nach links schauen. Also bin ich um mein Leben gerannt.« Anja Rücker legte buchstäblich blindes Vertrauen in ihr Können: »Die letzten Meter bin ich mit geschlossenen Augen gerannt.«

Augen zu und durch – und dann wachte sie auf und sagte: »Für mich ist mehr als ein Traum wahr geworden.« Schöner als ein Traum ist immer die Wirklichkeit, wenn sie so flammende Freude auslöst. Zu solchen Explosionen des Glücks gehört immer eine Vergangenheit mit dunklen Stunden. So auch bei Anja Rücker. Ende 1997 mußte die dreimalige Deutsche Meisterin beide Achillessehnen operieren lassen. Später plagte sie ein schlimmer Bluterguß im Oberschenkel. Nichts ging vorwärts – und überhaupt wußte sie auch nicht mehr, wo vorwärts war. Sie stand am Scheideweg. Die Liebe – und der Instinkt – führten sie auf den richtigen Kurs: »Ausgeruht und vollkommen gesund« trat die Justizangestellte (am Oberlandesgericht in Jena) bei Karin Balzer zum Training an, um nach deren Paragraphen zu üben.

Neue Rollenverteilung: Die enttäuschte Grit Breuer fand ihren siebten Finalplatz über 400 Meter (50,67 Sekunden) »völlig indiskutabel« ...

... während sich Anja Rücker von Lauf zu Lauf steigerte und ihren Silber-Platz nach kurzer Verschnaufpause ausgelassen feierte.

Alles fügte sich: Die ehemalige Hürden-Olympiasiegerin ist eine erfahrene Athletin und Trainerin – und sie ist die Mutter von Anja Rückers Freund Falk Balzer, der seinerseits von der Frau Mama zum Weltklasse-Hürdensprinter aufgebaut worden ist. Anja Rücker: »Sie hat mein Training umgestellt und sprintspezifischer gestaltet. Und überhaupt: Das ganze Umfeld stimmt einfach.«

Nichts ging mehr

Der letzte Satz könnte wortgleich von Grit Breuer stammen. Oft hat sie vor der WM fröhlich berichtet, daß alles gut und alles für gute Zeiten bereitet sei. Und dann ließen die Magdeburgerin auf dem Weg ins Glück alle guten Geister im Stich. Schon nach wenigen Metern hatte Cathy Freeman die Europameisterin ein- und bald überholt. »Nach 300 Metern habe ich gemerkt, daß gar nichts mehr geht.« Grit Breuer ließ mit den Gegnerinnen den eigenen Kampfgeist ziehen und kam nach 50,67 Sekunden abgeschlagen, kaputt und der Verzweiflung nahe als Siebte ins Ziel. Die Demaskierung ihrer desolaten Leistung besorgte sie selbst: »Völlig indiskutabel« sei ihre Vorstellung gewesen, »weder die Zeit noch der Platz sind akzeptabel«. Die 27jährige sprach von der »größten Enttäuschung und der schlimmsten Stunde meiner Laufbahn«. Das schwierigste aber war, nicht zu wissen, warum geschehen ist, was geschah. »Ich habe mich gut gefühlt, aber plötzlich ging nichts mehr. Ich bin völlig ratlos.« Grit Breuer beglückwünschte Cathy Freeman, strich Anja Rücker zur Gratulation kurz übers blonde Haar – und ging, um Gedanken zu sammeln, Gefühle zu sortieren und die Trümmer des Tages zusammenzusammeln.
Es war der Tag der Anja Rücker. Sterne strahlen manchmal auch silbern.

400 m Frauen

WR: Marita Koch (DDR) 47,60 Sek. (1985)

Finale am 26. August 1999

1. Cathy Freeman (Australien) 49,67 Sek.
2. Anja Rücker (Jena) 49,74 (PB)
3. Lorraine Graham (Jamaika) 49,92 (PB)

Überraschung geglückt: Debbie Ferguson, die Schlußläuferin der Bahamas, freute sich diebisch. Die Girls aus der Karibik ließen die Konkurrentinnen aus Frankreich, Jamaika und den USA in 41,92 Sekunden deutlich hinter sich.

Frauen: 4 x 100 Meter

Bittere Niederlage für die US-Ladys

Blankes Entsetzen machte sich unter den vier amerikanischen Sprinterinnen breit. Daran gewöhnt, mit der Staffel Gold zu gewinnen, blieb den ehemaligen First Ladys diesmal nur ein wenig ehrenvoller vierter Platz. Auch die beiden Weltmeisterinnen Gail Devers (110 Meter Hürden) und Inger Miller (200 Meter) konnten nicht verhindern, daß die Medaillen nach drei Titel-Erfolgen komplett an andere Länder gingen: Sensationell Weltmeister wurde die Staffel der Bahamas (41,92 Sekunden) vor Frankreich (in neuem Landesrekord; 42,06) und Jamaika (42,15). Die deutsche Sprintstaffel mit 200-Meter-Bronzemedaillengewinnerin Andrea Philipp als Startläuferin, Gabriele Rockmeier, Esther Möller und Marion Wagner wurden in 42,63 Sekunden Fünfte hinter den enttäuschten Titelverteidigerinnen (42,30) aus den USA.

4 x 100 m Frauen

WR: DDR 41,37 Sek. (1985)

Finale am 29. August 1999

1. Bahamas 41,92 Sek. (Sevatheda Fynes, Chandra Sturrup, Pauline Davis-Thomson, Debbie Ferguson)
2. Frankreich 42,06 (NR) (Patricia Girard, Muriel Hurtis, Katia Benth, Christine Arron)
3. Jamaika 42,15 (Allen Bailey, Merlene Frazer, Beverly McDonald, Peta-Gaye Dowdie)

Frauen: 4 x 400 Meter

Hauptsache eine Medaille

Erleichtert und froh darüber, daß aus dem goldenen WM-Quartett von Athen kein trauriges Ensemble ohne Edelmetall wurde, feierten Anke Feller, Uta Rohländer, Anja Rücker und Grit Breuer in Sevilla die Bronzemedaille über 4 x 400 Meter unter einem gemeinsamen Motto: »Hauptsache, eine

Medaille.« Die vier Athletinnen wußten, daß in den Köpfen ihrer Fans der triumphale Titel-Lauf von 1997 eingemeißelt war und Erwartungen weckte, denen es hinterherzurennen galt. Und sie wußten auch, daß es schwer würde, wieder so ein Meisterstück abzuliefern. Sie versuchten es in der gleichen Besetzung. Anke Feller (Leverkusen) startete glänzend und übergab den Stab als Dritte an Uta Rohländer (Halle), die ihrem schnellen Anfangstempo auf der Zielgeraden Tribut zollte.

4 x 400 m Frauen

WR: DDR 3:15,17 Min. (1988)

Finale am 29. August 1999

1. Rußland 3:21,98 Min. (Tatjana Chebykina, Swetlana Gontscharenko, Olga Kotljarowa, Natalja Nasarowa)
2. USA 3:22,09 (Suziann Reid, Maicel Malone-Wallace, Michele Collins, Jearl Miles-Clark)
3. Deutschland 3:22,43 (Anke Feller, Uta Rohländer, Anja Rücker, Grit Breuer)

Keine Lücke für Grit Breuer

Anja Rücker (Jena) stürmte mit der Motivation der Silbermedaille aus dem Solo-Lauf im Kämpferherzen los und holte wieder drei Plätze auf, bis der Stab an Schlußläuferin Grit Breuer kam. Die Magdeburgerin trieb vor allem der innige Wunsch, der WM nach dem enttäuschenden Einzelrennen wenigstens in der Mannschaft einen versöhnlichen Schluß zu verleihen. Aber diesmal fand sie auf der Zielgerade keine Lücke für den Überraschungsangriff auf Gold – und »es fehlte auch der letzte Kick«, der die Kraft für den Endspurt aus den letzten Reserven hätte lösen können. Hauptsache, eine Medaille: Die DLV-Staffel bewahrte in 3:22,43 Minuten das Prädikat Weltklasse. Weltmeister wurde die Staffel Rußlands (3:21,98) knapp vor dem Quartett der USA (3:22,09).

Wieder Edelmetall: Knapp hinter Rußland und den USA wurde die DLV-Staffel (von links nach rechts: Uta Rohländer, Anke Feller, Grit Breuer, Anja Rücker) in der guten Zeit von 3:22,43 Minuten Dritte über die 4-mal-400-Meter-Strecke.

Fit für Sydney: Mit ihren guten Plazierungen konnten sich die deutschen Marathonläuferinnen Sonja Oberem (links; Sechste in 2:28:55 Stunden) und Claudia Dreher (Neunte in 2:29:22) für die Olympischen Spiele 2000 qualifizieren.

Frauen: Mittelstrecken Langstrecken

Stille Freude: In die rumänische Fahne gehüllt ließ die 5000-Meter-Weltmeisterin Gabriela Szabo ihren Gold-Lauf (14:41,82 Minuten) noch einmal Revue passieren. Die Rumänin gewann in diesem Jahr fast alles, was es zu gewinnen gab – wenige Tage nach Sevilla auch den millionenschweren IAAF-Jackpot.

Verkalkuliert: Maria Mutola (links) aus Mosambik hatte im 800-Meter-Finale eigentlich nur mit Swetlana Masterkowa gerechnet. Am Ende fanden sich die zwei Favoritinnen auf den Plätzen wieder – lachende Dritte war die Tschechin Ludmila Formanova (rechte Seite), die sich auf der Zielgeraden an den beiden Rivalinnen vorbeigeschoben hatte.

Frauen: 800 Meter

Namentlich bekannt: Ludmila Formanova

Die drei Frauen, die das Medaillentreppchen nach dem 800-Meter-Lauf besetzt hielten, gaben später wirklich ein heiteres Schauspiel. Swetlana Masterkowa strich Ludmila Formanova immer wieder übers Haar, lachte eine Idee zu überdreht, kniff ihr wieder in die Wange und bemühte sich sehr, die überraschende Niederlage und Abschiebung in die Rolle der Bronzemedaillengewinnerin mit viel Humor zu nehmen. Maria Mutola, die nach ihrem WM-Sieg 1993 in Stuttgart endlich einmal wieder nach Gold greifen wollte und doch wie 1997 nur Zweite wurde, fand das alles überhaupt nicht zum Lachen. Sie saß knochentrocken und ernst auf der anderen Seite von Ludmila Formanova und beruhigte sich damit, daß sie »alles in meiner Macht Stehende getan« habe. Aber in der Tat: »Ich hatte Angst vor Masterkowa, aber nicht vor Formanova. Ich muß zugeben, daß ich nicht bemerkt hatte, daß sie auf den letzten 100 Metern so nah bei uns war.« Ja, doch, ihr Sieg sei eine große Überraschung für sie gewesen – und natürlich sei sie selbst maßlos enttäuscht.

Swetlana Masterkowa oder Maria Mutola? Es gab keine Alternative zu den beiden hoch gewetteten 800-Meter-Läuferinnen, obwohl die von der noch immer amtierenden Weltrekordlerin Jarmila Kratochvilova trainierte Tschechin spätestens nach ihrem Gewinn bei den Hallen-Weltmeisterschaften im März 1999 in Japan ernsthaft in den Favoritenkreis aufgenommen hätte werden müssen. Sie hat sich dann vor Ort bemerkbar gemacht: Die Außenseiterin gewann in 1:56,68 Minuten.

800 m Frauen

WR: Jarmila Kratochvilova (Tschechoslowakei) 1:53,28 Min. (1983)

Finale am 24. August 1999

1. Ludmila Formanova (Tschechien) 1:56,68 Min.
2. Maria Mutola (Mosambik) 1:56,72
3. Swetlana Masterkowa (Rußland) 1:56,93

Ludmila Formanova (25) hatte noch in der letzten Kurve einen schmerzhaften Rempler wegstecken müssen. Aber während die russische Olympiasiegerin Swetlana Masterkowa auf der Zielgerade im erwarteten Duell Maria Mutola (Mozambik) attackierte, löste sich die Tschechin aus dem Pulk, bog nach rechts außen auf Bahn vier ab und jagte einsam und fern der Konkurrenz auf einem Umweg unbemerkt der Ziellinie entgegen. Daß sie gewonnen hatte, mußten ihr freilich erst einmal ein paar Kolleginnen mit einem sanften Klaps auf die Schulter und dem Blick zur Anzeigetafel zeigen.

Später amüsierte sie sich köstlich über das Husarenstück, das ihr da gelungen war: »Vor dem Wettbewerb habe ich nach Hause telefoniert und erfahren, daß Maria Mutola einem Zeitungsreporter gegenüber erwähnt hatte, daß es da irgendeine Tschechin gäbe, die für eine Überraschung sorgen könnte.« Diese Tschechin hat nur geantwortet: »Hoffentlich erinnert sie sich nach dem Endlauf an meinen Namen.«

Dem ist so.

Lachende Dritte: Ludmila Formanova

Ludmila Formanova (Tschechien), geboren am 2. Januar 1974 in Caslav.
Maße: 1,67 m, 60 kg.
Größte Erfolge: Hallen-Weltmeisterin 1999, Hallen-Europameisterin 1998, Europacup-Dritte 1998.
Champion-Spruch: »Ich dachte, es wird ein Kampf um Gold zwischen Masterkowa und Mutola. Und nun hab' ich es!«

Die drei stand: Mit 3:59,53 blieb Olympiasiegerin Swetlana Masterkowa als einzige Läuferin unter der Vier-Minuten-Schallgrenze und konnte sich bei ihrem Doppelstart nach Bronze über 800 Meter nun über Gold freuen.

Frauen: 1500 Meter

Masterkowa meisterhaft

Es hat also doch noch geklappt: Die Doppel-Olympiasiegerin Swetlana Masterkowa gewann in Sevilla über 1500 Meter ihren ersten Weltmeistertitel mit fünf Tagen Verspätung, nachdem sie über 800 Meter nur Bronze eingeheimst hatte. »Ich war nicht gerade glücklich über meine 800-Meter-Vorstellung und wollte deswegen die 1500 Meter unbedingt gewinnen – für mich selbst, für meine Familie in Rußland und meine spanischen Freunde.«

Die 31jährige gebürtige Russin lebt seit einigen Jahren mit Tochter Anastasia und ihrem Mann Asgat Saitow in Alicante. Deswegen hatte sie im Grunde ein Heimspiel in Spanien. Swetlana Masterkowa blieb in 3:59,53 Minuten als einzige Läuferin unter der Vier-Minuten-Marke. Wie 1997 in Athen holte sich die Amerikanerin Regina Jacobs Silber (4:00,35) vor der überraschend starken, erst 21 Jahre alten Äthiopierin Kutre Dulecha (4:00,96).

Titelverteidigerin Carla Sacramento (Portugal) hatte im Rennen immer wieder die Initiative ergriffen und bahnte 200 Meter vor dem Ziel auch den Endspurt an. Doch schon ausgangs der Kurve ging die spätere Siegerin mit ihrem Medaillengefolge an die Spitze und ließ die Portugiesin auf Platz fünf zurück. Enttäuscht und erledigt kam die mitfavorisierte Schweizerin Anita Weyermann (22) als Zwölfte und Letzte in 4:17,86 Minuten abgeschlagen ins Ziel. 1997 in Athen bei den Weltmeisterschaften und 1998 in Budapest bei den Europameisterschaften hatte die stärkste Schweizer Läuferin jeweils die Bronzemedaille gewonnen.

Zwei Plätze vor ihr rangierte eine aus einem anderen Grund sehr bemerkenswerte Athletin: Die Amerikanerin Marla Runyan ist fast blind, sieht im Umkreis von etwa fünf Metern nur verschwommen und kann alle weiter entfernten Personen nicht mehr erkennen. Als stark Sehbehinderte darf die 30jährige bei den Paralympics starten – und dies tat sie schon zweimal sehr erfolgreich: In Barcelona 1992 und Atlanta 1996 gewann sie insgesamt fünf Goldmedaillen. Aber der zehnte Platz im WM-Finale von Sevilla war gewiß genausoviel wert. Fragen nach dem Umgang mit ihrer Sehschwäche als Athletin beantwortet sie mit jenem Humor, in dem viel schlichte Wahrheit steckt: »Ich weiß, wo die Ziellinie ist: immer am Ende der Geraden ...«

Furchtlos: Swetlana Masterkowa

Swetlana Masterkowa (Rußland), geboren am 17. Januar 1968 in Achinsk/Sibirien. Maße: 1,72 m, 59 kg. Größte Erfolge: Olympiasiegerin 1996 (800 und1500 m), Europameisterin 1998 (1500 m), Weltcup-Siegerin 1998 (1500 m). Champion-Spruch: »Ich fürchte niemanden. Wenn ich in guter Form bin, kann mich meiner Ansicht nach niemand besiegen.«

1500 m Frauen

WR: Yunxia Qu (China) 3:50,46 Min. (1993)

Finale am 29. August 1999

1. Swetlana Masterkowa (Rußland) 3:59,53 Min.
2. Regina Jacobs (USA) 4:00,35 (PB)
3. Kutre Dulecha (Äthiopien) 4:00,96

Frauen: 5000 Meter

Irina Mikitenko: Warum so traurig?

Die deutschen Fans, die professionellen Berichterstatter, die Sportler und die Verbandsvertreter waren sich einig: Irina Mikitenko ist ein glänzendes Rennen über 5000 Meter gelaufen – und die Zeit beweist es. In 14:50,17 Minuten verbesserte die 27jährige Frankfurterin ihre eigene Bestmarke (14:54,32) im WM-Finale mit einem neuen Deutschen Rekord. Der Makel, der sie untröstlich machte: Irina Mikitenko wurde damit Vierte. Maßlos enttäuscht ließ sie sich nicht vom Schulterklopfen der anderen von ihrem eigenen Anspruch abbringen: »Der vierte Platz ist immer traurig. Ich wollte eine Medaille, deswegen bin ich nicht zufrieden.«

Sie wollte diese Medaille, um sich selbst und denen, die ihr und ihrer Familie in jüngster Zeit sehr geholfen haben, zu zeigen, daß sich das Vertrauen in sie lohnt. Der Lauf von Sevilla hat es auch so bewiesen – aber die zähe Dickköpfigkeit der zierlichen, 1,58 Meter großen und 49 Kilo leichten Langstrecklerin hat Hintergründe. 1996 kamen die deutschstämmigen Irina und Alexander Mikitenko mit ihrem Sohn Alexander als Spätaussiedler aus Kasachstan nach Deutschland. Da der Ingenieur in der neuen Heimat keine adäquate Arbeit fand, tingelte die begabte Läuferin von einem Prämien-Lauf zum anderen, um die Familie zu ernähren. Alexander – der »Große« – trainierte sie und verdiente als Maschinenschleifer noch ein paar Mark dazu. Der ehemalige Hürden-Star Harald Schmid erkannte rasch, wie hier ein Talent verschlissen wurde, holte sie nach Gelnhausen in den Verein und half ihr danach zum Wechsel nach Frankfurt, wo Lebens- und Trainingsbedingungen für sie professioneller zu gestalten waren. Seither geht es aufwärts mit ihrer Form und runter mit den Zeiten. Nur geht es ihr nicht schnell genug.

5000 m Frauen

WR: Jiang Bo (China) 14:28,09 Min. (1997)

Finale am 27. August 1999

1. Gabriela Szabo (Rumänien) 14:41,82 Min.
2. Zahra Ouaziz (Marokko) 14:43,15
3. Ayelech Worku (Äthiopien) 14:44,22 (PB)

Einer Tatsache kann und muß sie nicht ausweichen: Gabriele Szabo (Rumänien) verteidigte in einem für eine Meisterschaft sehr flotten Lauf ihren Athener Titel souverän in 14:41,82 Minuten vor der Marokkanerin Zahra Ouaziz und der Äthiopierin Ayelech Worku. Die drei Medaillengewinnerinnen hielten gegen Ende des Rennens einigen Abstand zu Irina Mikitenko und feierten da vorn ihre eigene Party – und die beiden wiederum hielten respektvolle Distanz zur Siegerin. Ouaziz hatte »nicht genügend Kraft in den Beinen, um Szabo anzugreifen«, und Worku bekannte, daß »Szabo und Ouaziz momentan einfach noch zu schnell für mich sind«.

Gabriela Szabo, die wie Haile Gebrselassie von dem Niederländer Jos Hermens professionell gemanagt wird, hat in dem äthiopischen Wunderläufer ihr Vorbild gefunden: »Ich sah ihn hier laufen, so frei und selbstbewußt. Das hat mich ermutigt, das gleiche zu tun. Ich bin eine Instinktläuferin und reagiere immer auf alles, was im Rennen geschieht.«

Immer der Nase nach: Gabriela Szabo

Gabriela Szabo (Rumänien), geboren am 14. November 1975 in Bistrita.
Maße: 1,58 m, 42 kg.
Größte Erfolge: Über 5000 Meter WM-Vierte 1995, Vize-Europameisterin 1998, Hallen-Weltmeisterin 1995, 1997 und 1999. Über 1500 Meter Olympia-Zweite 1996, Weltmeisterin 1997, Hallen-Weltmeisterin 1999.
Champion-Spruch: »Ich habe nie Pläne fürs Rennen. Ich bin eine Instinkt-Läuferin.«

Rekordverdächtig: Gegen Ende des 5000-Meter-Rennens war nur noch Irina Mikitenko (Nr. 428) in der Lage, dem Führungstrio zu folgen. Die Enttäuschung darüber, daß sie nicht mehr ganz an die Medaillenränge herankam, verflog schnell, als der 27jährigen bewußt wurde, daß Sie in 14:50,17 Minuten neuen Deutschen Rekord gelaufen war.

Einfach gut: Gete Wami

Gete Wami (Äthiopien), geboren am 11. Dezember 1974 in Debre Birhan.
Maße: 1,54 m, 45 kg.
Größte Erfolge: Olympia-Dritte 1996, Cross-Weltmeisterin 1996 und 1999.
Champion-Spruch: »Es war ganz einfach: Meine Taktik war, Paula Radcliffe zu folgen und sie im Sprint zu überholen.«

Frauen: 10 000 Meter

Radcliffe lockte Wami zum Sieg

Völlig ausgepumpt schnaufte Gete Wami (24) ihre Freude in den Abendhimmel. »Puhh. Wie ich mich jetzt fühle?« Sie mußte nicht lange sortieren, um die richtige Reihenfolge zu finden: »Ich fühle mich müde. Glücklich und müde.« Die Äthiopierin staunte über das Tempo, das sie zu laufen in der Lage war, um Weltmeisterin zu werden: »Das Rennen war so schnell. Ich wollte Paula unbedingt folgen und sie dann im Sprint in der letzten Runde überholen. Der Plan ging perfekt auf.« In der Tat war es die 25 Jahre alte Paula Radcliffe, die Gete Wami über 10000 Meter regelrecht zum Sieg jagte. Oder besser: lockte. Die Britin beschleunigte, machte den anderen Beine und hoffte, als Tempomacherin in eigener Sache die anderen zu zermürben. In 30:27,13 Minuten lief die Langstrecklerin tatsächlich neuen britischen Landesrekord – und mußte Gold dennoch an die Olympia-Dritte von 1996 abgeben. Gete Wami lag das Klima mehr als der kühlen Nordeuropäerin: »Es waren keine schwierigen Bedingungen für mich.« Hitze ist kein Problem für das weibliche Pendant zu Haile Gebrselassie. »Und die Luftfeuchtigkeit war niedrig.«
Paula Radcliffe ließ als Vize-Weltmeisterin immerhin die beste Marathonläuferin der Welt hinter sich: Die Kenianerin Tegla Loroupe (26) wurde in 30:32,03 Minuten Dritte – ebenfalls mit Landesrekord. Überglücklich dachte sie erst in zweiter Linie an die Prämie, die sie verdient hatte. In erster Linie schickte das zierliche, aber zähe Geschöpf eine Botschaft an die Frauen in ihrer Heimat: »Diese Medaille ist sehr wichtig: Sie erzählt allen jungen kenianischen Frauen, daß es sich lohnt, die Hoffnung niemals aufzugeben. Das wird sie ermutigen, selbst das Beste für sich anzustreben.«

10 000 m Frauen

WR: Junxia Wang (China) 29:31,78 Min. (1993)

Finale am 26. August 1999

1. Gete Wami (Äthiopien) 30:24,56 Min.
2. Paula Radcliffe (Großbritannien) 30:27,13 (NR)
3. Tegla Loroupe (Kenia) 30:32,03 (NR)

Frauen: Marathon

Eile mit Weile – nach Sydney

Hand aufs Herz: Kann ein Mensch gleichzeitig ausdauernd und ungeduldig sein? Im Prinzip nein. Es sei denn, er – beziehungsweise sie – läuft Marathon. Dann sind diese beiden Eigenschaften in der Kombination trotz ihrer Widersprüchlichkeit geradezu ideal. Die Leverkusener Marathon-Frau Sonja Oberem hat das in Sevilla eindrucksvoll bewiesen. »Ausdauer und Ungeduld« nennt sie als ihre Hauptcharakterzüge. Sie war so ausdauernd, sich am Anfang des Rennens ohne Hast zurückzuhalten und sich auf ihr gutes Gefühl zu verlassen. Und sie war zum rechten Zeitpunkt ungeduldig genug, um eine Läuferin nach der anderen vor ihr überholen zu können. »Das ist besser, als wenn man vorne läuft und sich dauernd umschauen muß.« In ihrem fünften großen Meisterschafts-Marathon kam sie auf ihren besten Platz: Als Sechste und beste Deutsche war die 26 Jahre alte Olympia-Achte nach

Claudia Dreher (links) und Sonja Oberem (rechts) haben es tatsächlich geschafft: Über 42 Kilometer durchzuhalten ist gut, dabei die Plätze sechs und neun zu belegen noch besser, das Beste aber war die damit verbundene Qualifikation für den Olympischen Marathon in Sydney.

Marathon Frauen

WR: Ingrid Kristiansen (Norwegen) 2:20:47 Std. (1998)

Finale am 29. August 1999

1. Song-Ok Jong (Nordkorea) 2:26:59 Std. (NR)
2. Ari Ichihashi (Japan) 2:27:02 (PB)
3. Lidia Simon (Rumänien) 2:27:41

2:28:55 Stunden noch vor Manuela Machado (Portugal), der Weltmeisterin von 1995, im Ziel und strahlte. Es gab nämlich etwas zu feiern. Sonja Oberem mußte gar nicht lange warten, bis sie das in Gesellschaft tun konnte. Schon als Neunte kam nach 2:29:22 Stunden Claudia Dreher (Riesa) an. Ein Blick auf Zeit und Plazierung – und beide wußten: Damit war die Qualifikation für die Olympischen Spiele 2000 in Sydney unter Dach und Fach. Das ausgezeichnete Abschneiden der deutschen Marathon-Frauen bescherte ihnen als Team sogar noch einen Platz auf dem Siegerpodest. Denn der WM-Marathon wurde in der Mannschaftswertung als Weltcup gewertet – und da belegten Sonja Oberem, Claudia Dreher, Manuela Veith (als 22. in der WM-Wertung) und Anke Laws. Weltmeisterin wurde eine selbst in der Szene unbekannte Läuferin: Die Koreanerin Song-Ok Jong überraschte die Favoritinnen als Siegerin in 2:26:59 Stunden und war von sich selbst überhaupt nicht überrascht: »Nach zwei Stunden wußte ich, daß ich Gold gewinnen würde.« Das hatte ursprünglich Ari Ichihashi eingeplant. Doch die Japanerin mußte sich mit Silber vor der Rumänin Lidia Slavuteanu-Simon begnügen.

Bekannt-Machung: Song-Ok Jong
Song-Ok Jong (Nordkorea), geboren am 18. August 1974.
Maße: 1,56 m, 47 kg.
Champion-Spruch: »Ja, in der ganzen Welt betrachtet man mich als neue Marathonläuferin. Ich hoffe, sie werden mich in Zukunft besser kennenlernen.«

Fauen: 20 km Gehen

Zwei Chinesinnen auf dem Geh-Weg

Zwei Chinesinnen dominierten Seite an Seite die Premiere des neuen WM-Wettbewerbs: Erstmals absolvierten die Frauen auf dem Geh-Weg statt zehn diesmal 20 Kilometer. Die Weltranglisten-Beste Liu Hongyu gewann vor ihrer Landsfrau Wang Yan. Die Weltmeisterin bekannte, daß ihr »die längeren Rennen mehr liegen« – und die Silbermedaillengewinnerin war »sehr stolz auf die beiden Medaillen für China«. Einen sehr sympathischen Auftritt hatte die Drittplazierte: Kerry Saxby-Junna freute sich nach vielen Verletzungen und der Geburt ihres Kindes so sehr über die Bronzemedaille, daß sie nicht nur die Siegerin beglückwünschte. Die Australierin gratulierte auch denen, die hinter ihr das Ziel erreichten. Mit 38 Jahren weiß sie, daß Ankommen in ihrer Disziplin ein großer Erfolg sein kann – und noch mehr: »Erfahrung ist so wichtig in diesem Sport. Man hat einfach alles schon einmal erlebt und kann besser damit umgehen.« Ein Gefühl hatte sie freilich offenbar lange nicht mehr – das nach dem Aufstehen am Tag des Wettkampfs. Saxby-Junna: »Heute morgen bin ich aufgewacht und habe mich nicht krank gefühlt. Ich dachte: Es könnte ein guter Tag werden ...«

Sieg vor Augen: Hongyu Liu
Hongyu Liu (China), geboren am 1. Dezember 1975 in Liaoning.
Maße: 1,58 m, 54 kg.
Größte Erfolge: WM-Vierte 1997 (10 km), Weltcup-Dritte 1995 (10 km).
Champion-Spruch: »Nach 15 Kilometern wußte ich, daß ich gewinnen werde.«

20 km Gehen Frauen

WR: Nadeschda Riaschkina (Rußland) 1:27:30 Std. (1999)

Finale am 27. August 1999

1. Hongyu Liu (China) 1:30:50 Std.
2. Yan Wang (China) 1:30:52
3. Kerry Saxby-Junna (Australien) 1:31:18

mita
929
SEVILLA '99
DIMA
DIMA
SEVILLA '99

Frauen: Hürdenläufe

Perfekte Hürdentechnik: Zwischen Ludmila Engquist (großes Bild; Bronze in 12,47 Sekunden) und Gail Devers (oben; Gold in 12,37) schob sich im Finale über 100 Meter Hürden noch die Nigerianerin Glory Alozie (12,44).

Stilles Gebet: Gail Devers

Gail Devers (USA), geboren am 19. November 1966 in Seattle.
Maße: 1,60 m, 52 kg.
Größte Erfolge: Weltmeisterin 1991 und 1995 (100 m Hürden); Olympiasiegerin 1992 und 1996 (100 m), Staffel-Olympiasiegerin 1992 und 1996.
Champion-Spruch: »Ich habe auf der Startlinie um Gottes Hilfe gebeten.«

Frauen: 100 Meter Hürden

Das Leben stellt die wahren Hindernisse auf

Fragen Sie einmal Ludmila Engquist oder Gail Devers danach, wie viele Hürden sie in ihrem Leben schon genommen haben. Sie werden wahrscheinlich beide erst einmal herzhaft darüber lachen, weil man die Hindernisse auf der Bahn nicht mehr zählen kann, die sie in Trainingseinheiten und Wettbewerben schon überquert haben. Aber dann wird die Nachdenklichkeit ihre Gesichter überschatten. Die Hürden, die das Leben stellt, sind höher – und wenn man sie nimmt, fühlt man sich viel mehr als nach jedem Wettlauf gegen die Stoppuhr als Sieger.

Trotz Krankheit trainiert

In Sevilla liefen die beiden großen Ladys des Hürdensprints gegeneinander um einen Sieg im Sport. Im Ziel umarmte die Siegerin Gail Devers die drittplazierte Ludmila Engquist, und es war schwer auszumachen, ob die eine der anderen gratulierte oder die andere die eine tröstete. Denn beide wußten: Das Duell gegeneinander hat nicht so viele Nerven gekostet wie das Duell mit dem Tod. Übertrieben? Nein. Die Schwedin Ludmila Engquist hat es zuletzt (hoffentlich) gewonnen. Anfang des Jahres diagnostizierten die Ärzte bei der Titelverteidigerin einen Tumor in der Brust. Krebs! Olympiasieg und WM-Titel kann man gegen Gesundheit nicht tauschen. Aber Kampfgeist, Ehrgeiz und Wille sind auch bei Krankheiten ein hohes Pfand. Sie wurde operiert, mußte durch die qualvolle Leidenszeit einer Chemotherapie – und feierte in ihrer Wahlheimat Schweden ein glanzvolles Comeback auf der Laufbahn. »Ich lebe noch«, rief sie den Leuten zu und räumte das Gerücht, ihre Brust sei amputiert worden, gleich aus. Sie hatte während ihrer Krankheit nie aufgehört zu trainieren. Und ein paar Anleihen für den Kampf gegen den Teufel holte sie sich bei Lance Armstrong. Der amerikanische Radprofi hat nach überstandener Krebserkrankung die Tour de France gewonnen. »Was er erreicht hat«, sagte Ludmila Engquist, »spornt mich an, diesem Beispiel zu folgen.«
Bei aller unbeschwerten Fröhlichkeit, mit der sie den Zuhörern die Hemmungen zum Thema nahm, sagte sie leiser: »Daß ich zurückkehren konnte, ist ein kleines Wunder.« Um so schneller tröstete sie sich über die Tatsache hinweg, daß sie als Favoritin den WM-Titel an die Frau abtreten mußte, die ihre großartige Vergangenheit nach langer Verletzungspause noch einmal neu belebte: an Gail Devers (32). Und sie verkraftete schnell, daß mit der Nigerianerin Glory Alozie völlig überraschend noch eine andere vor ihrer Nase ins Ziel lief. »Ein bißchen enttäuscht bin ich schon«, bekannte Ludmila Enquist, »weil ich schon von der Goldmedaille geträumt habe. Andererseits: eine Medaille ist wundervoll – nach all dem, was hinter mir liegt.«

Erstes Gold für Schweden

Hinter ihr liegt eine lebensgefährliche Krankheit, aber auch eine sportliche Renaissance aus anderen Gründen. Die gebürtige Russin war unter ihrem damaligen Ehenamen Narischolenko 1991 schon einmal Weltmeisterin. Im Februar 1993 wurde sie bei einer Dopingkontrolle nach einem Start in Frankreich der Einnahme verbotener Steroide überführt und für vier Jahre gesperrt. Der Bannstrahl wurde im Dezember 1995 vorzeitig aufgehoben, nachdem sie glaubhaft machen konnte, daß sie die verbotenen Substanzen unwissentlich von ihrem damaligen Ehemann verabreicht bekommen habe. Sie ließ sich scheiden – und zog noch im gleichen Jahr nach Schweden zu ihrem neuen Glück: Sie heiratete den schwedischen Sprinter Johan Engquist. Seit dem 20. Januar 1996 hat sie einen schwedischen Paß – und bescherte ihrer neuen Heimat im Sommer darauf in Atlanta die allererste Leichtathletik-Goldmedaille einer Frau.
Nicht nur Märchen haben Happyends. Manchmal schreibt die glücklichen Schlußpunkte auch das Leben. Keine weiß das besser als eine Frau, die neben Ludmila Engquist im Startblock saß: Gail Devers, das Glamourgirl der amerikanischen Leichtathletik, Doppel-Olympiasiegerin über 100 Meter 1992 und 1996 und dank bunter Fin-

100 m Hürden Frauen

WR: Jordanka Donkowa (Bulgarien) 12,21 Sek. (1988)

Finale am 28. August 1999

1. Gail Devers (USA) 12,37 Sek.
2. Glory Alozie (Nigeria) 12,44 (KR)
3. Ludmila Engquist (Schweden) 12,47 (NR)

gernägel und schillernder Outfits einst stets dankbares Motiv für Fotografen. An ihre kunstvoll bemalten Fingernägel erinnern sich viele, aber an dieses nicht: Die 32jährige Amerikanerin entging vor zehn Jahren nach einer lebensbedrohenden Schilddrüsen-Krankheit nur knapp einer Fußamputation. Sie wird nicht nur einmal daran zurückgedacht haben, als sie in Sevilla die Goldmedaille küßte. »Ich bin sehr glücklich. Am Start habe ich Gott um Hilfe gebeten.«
Gail Devers und Ludmila Engquist: Sie liefen in Sevilla nicht um ihr Leben, sondern nur um einen Weltmeistertitel. So relativ ist eine Goldmedaille. Im September nach den Weltmeisterschaften mußte Ludmila Engquist wieder in ärztliche Behandlung, um ihre Krebstherapie fortzusetzen. »Ich weiß noch nicht, was in Zukunft sein wird. Aber ich bin optimistisch, denn ich habe mir selbst bewiesen, daß ich wieder laufen kann.« So wichtig kann eine Bronzemedaille sein.

Schwestern im Geiste: Ludmila Engquist (rechts) und Gail Devers, die beide nach schwerer Erkrankung durch unbeugsamen Lebenswillen und hartes Training wieder Anschluß an die Weltspitze gefunden hatten, beglückwünschten sich in Sevilla zu Bronze und Gold.

Unverhofftes Gold: Daimi Pernia

Daimi Pernia (Kuba), geboren am 27. Dezember 1976. Maße: 1,73 m, 58 kg. Champion-Spruch: »Mein Sieg war wirklich eine große Überraschung – auch für mich.«

Frauen: 400 m Hürden

Irrungen und Wirrungen

400 m Hürden Frauen

WR: Kim Batten (USA) 52,61 Sek. (1995)

Finale am 25. August 1999

1. Daimi Pernia (Kuba) 52,89 Sek.
2. Nezha Bidouane (Marokko) 52,90 (KR)
3. Deon Hemmings (Jamaika) 53,16

Nezha Bidouane durfte das Gefühl des Sieges nur ein paar Augenblicke auskosten – dann gab sie den Blumenstrauß an Daimi Pernia weiter. Die Winzigkeit einer einzigen Hundertstelsekunde trennte nach dem 400-Meter-Hürden-Lauf Gold und Silber: Die 22 Jahre alte Daimi Pernia, nach ihrem Sieg bei den Panamerikanischen Spielen der Shooting-Star der Hürden-Langstrecke in dieser Saison, gewann für ihr Heimatland Kuba den ersten WM-Titel in ihrer Disziplin in 52,89 Sekunden und konnte sich dabei sogar noch einen viel Zeit kostenden Tritt gegen die letzte Hürde leisten. »Als ich stolperte, habe ich an nichts anderes mehr gedacht, als irgendwie über die Ziellinie zu kommen«, meinte die überraschte Siegerin: »Ich dachte, die Marokkanerin hätte gewonnen.«

Lob von Deon Hemmings

Das dachte die Marokkanerin auch: Nezha Bidouane war schon unterwegs zur Ehrenrunde, um ihre Titelverteidigung zu feiern, als der Stadionsprecher sie sozusagen zurückrief. Olympiasiegerin Deon Hemmings (USA) bemängelte als Dritte selbstkritisch technische Unfertigkeiten in ihrem Lauf und lobte die junge Goldmedaillengewinnerin: »Die Kubanerin war sehr stark.« Daimi Pernia hat übrigens prominente Verwandtschaft: Sie ist die Schwägerin der zweimaligen 800-Meter-Weltmeisterin Ana Fidelia Quirot, die ihre Karriere nach ihrem Titelgewinn 1997 in Athen beendet hat. Mit der Ukrainerin Tatjana Tereschtschuk wurde die einzige Europäerin im Endlauf Siebte.

Unterdessen gehörte die 22jährige Magdeburgerin Ulrike Urbansky zu den DLV-Athletinnen, die sich über das Ausscheiden im Halbfinale hinaus Hoffnungen auf die Zukunft machen dürfen: Sie hatte mit Platz drei bei der Universiade und Silber bei den Europameisterschaften U23 schon vor Sevilla internationales Niveau bewiesen.

Ehrenrunde abgebrochen: Nach der Verkündung des Zieleinlaufs sackte Nezha Bidouane, die sich schon auf die Ehrenrunde begeben hatte, unter der marokkanischen Flagge zusammen. Mit einer Hundertstelsekunde Vorsprung hatte ihr Daimi Pernia den Titel über 400 Meter Hürden weggeschnappt. Bevor die ebenfalls überraschte Kubanerin jedoch in Jubel ausbrach, tröstete sie die vermeintliche Siegerin (rechte Seite).

Bruchlandung: Was die Anlaufgeschwindigkeit betrifft, kann ihr im Weitsprung keine das Wasser reichen, aber bei der Landung verschenkte Marion Jones so manchen Zentimeter. Mehr als 6,83 Meter und Platz drei waren für die US-Amerikanerin nicht drin.

Frauen: Sprungdisziplinen

asics
mita
544
SEVILLA
asics

USA
mita

Bei 4,45 Metern war Schluß: Nicole Humbert aus Landau beendete die Weltmeisterschaftspremiere der Stabhochspringerinnen mit übersprungenen 4,40 Metern als gute Fünfte und war mit sich und dem Wettkampf zufrieden.

Kindheitstraum: Paraskevi Tsiamita

Paraskevi Tsiamita (Griechenland), geboren am 10. März 1972.
Maße: 1,70 m, 60 kg.
Größte Erfolge: Hallen-WM-Fünfte 1999, Europacup-Siegerin 1999.
Champion-Spruch: »Seit ich acht Jahre alt war, habe ich von so etwas wie heute geträumt.«

Frauen: Dreisprung

Mit Leidenschaft und Profession

Das muß ein großes Fest daheim in Volos gewesen sein: Paraskevi Tsiamita und Olga-Anastasia Vasdeki kommen beide aus dem gleichen Ort in Griechenland – und brachten zwei Medaillen nach Hause. Weltmeisterin Tsiamita hatte schon mit einer Jahresweltbestleistung von 15,07 Meter in der Qualifikation ihre Ansprüche auf Gold angemeldet – und war überglücklich, daß im Kampf um die Medaillen 14,88 Meter gereicht haben. »Seit ich acht Jahre alt war, habe ich davon geträumt. Technisch war das heute nicht optimal, weil ich sehr vorsichtig gesprungen bin. Aber dieser Sieg zeigt, was man erreichen kann, wenn man tiefe Leidenschaft für eine Sache mit Professionalität verbindet.« Landsfrau Olga-Anastasia Vasdeki grämte sich nicht lange darüber, daß sie nicht wie die Kubanerin Yamile Aldama Silber gewann, obwohl beide mit 14,61 Metern ihr bestes Ergebnis erzielt hatten. Der feine, kleine Unterschied: Die zweitbeste Weite der Griechin war einen winzigen Zentimeter kürzer als die zweitbeste Weite der 27jährigen Kubanerin. Vasdeki jubelte dennoch und schwärmte vom WM-Schauplatz: »Ich liebe diesen Ort, ich liebe die Hitze – Sevilla und Spanien sind fast wie Griechenland.«

Dreisprung Frauen

WR: Inessa Krawets (Ukraine) 15,50 m (1995)

Finale am 24. August 1999

1. Paraskevi Tsiamita (Griechenland) 14,88 m
2. Yamile Aldama (Kuba) 14,61
3. Olga-Anastasia Vasdeki (Griechenland) 14,61

Mutterschutz: Inga Babakowa

Inga Babakowa (Ukraine), geboren am 27. Juni 1967 in Aschkabat.
Maße: 1,80 m, 60 kg.
Größte Erfolge: Vize-Weltmeisterin 1997, WM-Dritte 1991 und 1995, Olympia-Dritte 1996.
Champion-Spruch: »Ich bin nach der Geburt meines Kindes erst seit sechs Monaten wieder im Training. Ich habe deswegen hier nicht besonders viel von mir erwartet.«

Frauen: Hochsprung

Nicht so hoch ist hoch genug

Die neue Hochsprung-Weltmeisterin Inga Babakowa staunte: »Für mich ist meine Höhe gut, aber ich bin überrascht, daß sie auch gut genug für Gold war.« Die 32jährige, in Turkmenistan geborene Litauerin gewann mit der Höhe von 1,99 Meter den einzigen WM-Titel für ihre Wahlheimat Ukraine und freute sich deswegen so sehr, weil sie nach der Geburt ihres zweiten Kindes nur sechs Monate Zeit zum Training hatte. Der ältere Sohn Georgij ist schon neun Jahre alt und hat den Erfolg der Mama schon mit dem Papa feiern können. Denn dieser Titelgewinn ist ein Familienfest wert: Ehemann Sergeij Babakow ist auch ihr Trainer. Nicht neu ist mehr, daß Höhen unter 2,00 Meter für große Erfolge ausreichen. Neu war in Sevilla, daß auch Silber und Bronze erst bei 1,99 Metern vergeben wurden: Die Russinnen Jelena Jelesina (29) und Swetlana Lapina (21) übersprangen die Latte im Unterschied zur Siegerin im zweiten beziehungsweise dritten Versuch. Junioren-Vize-Europameisterin Amewu Mensah (22), die vom DLV nach ihrem Erfolg bei der U-23-EM kurzfristig nachnominiert worden war, kehrte nach erfolgreich überstandener Qualifikation im Finale rasch auf die Erde zurück: Die in Ghana geborene Leverkusenerin scheiterte dreimal an der Anfangshöhe von 1,85 Meter.

Hochsprung Frauen

WR: Stefka Kostadinowa (Bulgarien) 2,09 m (1987)

Finale am 29. August 1999

1. Inga Babakowa (Ukraine) 1,99 m
2. Jelena Jelesina (Rußland) 1,99
3. Swetlana Lapina (Rußland) 1,99 (PB)

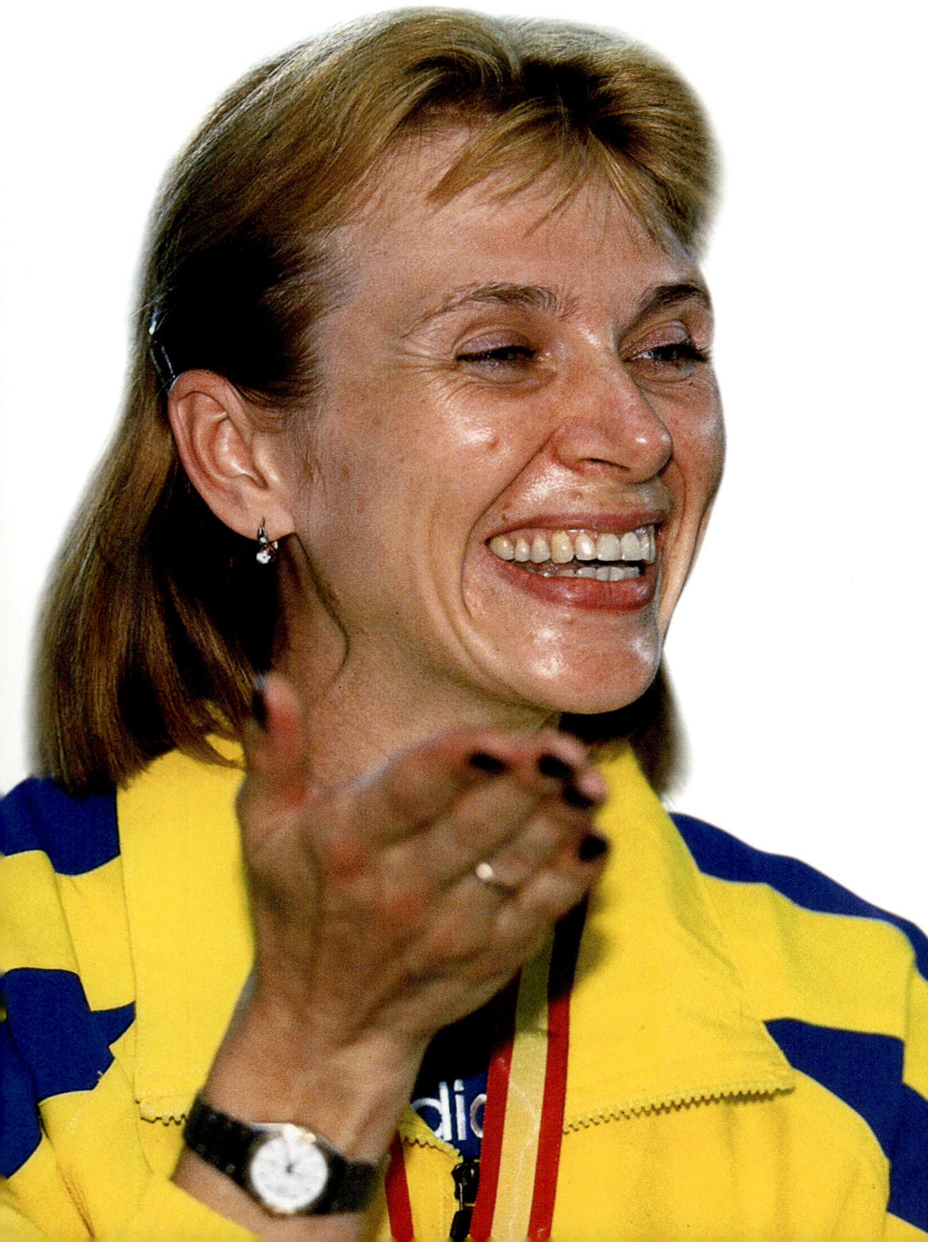

Gold nach der Baby-Pause: Nach der Geburt ihres zweiten Kindes hatte Hochsprung-Siegerin Inga Babakowa (links) nur sechs Monate Zeit, um sich wieder in Form zu bringen. Die Deutsche Amewu Mensah (oben) scheiterte im Finale an der Anfangshöhe von 1,85 Meter, obwohl sie in der Qualifikation bereits 1,92 gemeistert hatte.

Frauen: Stabhochsprung

Ein Sieg für die Geschichte

Es gibt Siege, die von vornherein einen Platz in der Sportgeschichte reserviert haben. Die Amerikanerin Stacy Dragila hat einen solchen in Sevilla errungen: Denn erstmals in der Geschichte der Leichtathletik-Weltmeisterschaften kämpften Stabhochspringerinnen um Medaillen. Wie schön für die Athletinnen, daß sie bei der Premierenfeier einen absolut standesgemäßen Wettkampf lieferten. Nach über vier Stunden durfte Stacy Dragila über ihren zweiten Debütantinnen-Sieg jubeln: Die 28jährige, die 1997 den ersten Hallen-WM-Titel gewonnen hatte, siegte in Sevilla mit würdiger Höhe, indem sie den aktuellen Weltrekord der Australierin Emma George mit 4,60 Metern einstellte. Überglücklich rechnete sie zuerst einmal die Versuche zusammen, die ihr einen anstrengenden Abend mit Happy-end beschert hatten: »18 Versuche. Also wirklich: So viele Luftsprünge wollte ich eigentlich nicht machen, um mein Ziel zu erreichen. Ich glaube, wenn ich nicht so viele Sprünge gebraucht hätte, wäre der Weltrekord vielleicht gefallen.« Da keine neue Marke erreicht wurde, mußte sie auf die Rekordprämie in Höhe von 100 000 Mark notgedrungen verzichten. Aber sie tat es strahlend.

Die amtierende Europameisterin Anshela Balachonowa stellte mit 4,55 Metern ihren Europarekord ein und wurde Vize-Weltmeisterin. Die 26jährige Ukrainerin war viel zu aufgewühlt für ernsthafte Analysen: »Es ist ein so emotionaler Moment. Ich werde später versuchen herauszufinden, warum ich die Goldmedaille verloren habe.« Bronze gewann die Australierin Tatjana Grigorjewa mit 4,45 Meter und haderte nicht lange mit verpaßten Chancen: »Ich bin schon die ganze Saison über in exzellenter Form und wußte, daß ich hier eine Medaille gewinnen würde. Ich habe heute mein Potential nicht ganz ausschöpfen können. Aber ich bin nicht enttäuscht, daß ich nicht gewonnen habe. Man kann nicht enttäuscht sein, wenn man in einem solchen Wettbewerb dabei sein kann.«

Trost brauchten an diesem Premieren-Abend andere: Ihre Mannschaftskollegin Emma George zum Beispiel. Die Weltrekordinhaberin und Topfavoritin hatte sich vor der WM bei einem schlimmen Sturz neben die Matte im Training das Steißbein angebrochen. Sie startete dennoch – und kam über ihre Anfangshöhe von 4,15 Metern nicht hinaus.

Ein Schicksal, das sie mit Junioren-Weltmeisterin Yvonne Buschbaum teilte. Die 19jährige Stuttgarterin, EM-Bronzemedaillengewinnerin 1998, hatte vor Sevilla bereits viele Wettkämpfe in den Beinen – und befand sich beim Saison-Höhepunkt offensichtlich nicht im Höhenflug. Resultat: Rang 14. Aber in diesem Alter darf man Träume auch verschieben.

Bittere Tränen kullerten noch in der Arena bei der ambitionierten deutschen Rekordhalterin Nastja Ryshich. Mit 4,44 Metern Bestleistung und großen Hoffnungen angereist, blieb sie schon an ihrer Anfangshöhe von 4,15 Metern hängen. Ein Handicap kam hinzu: Die 21jährige Hallen-Weltmeisterin mußte mit fremden Stäben beginnen, weil die Organisatoren sie versehentlich im Männer-Wettbewerb eingeplant hatten.

Erfahrung zahlt sich bei großen Meisterschaften aus: Beste Deutsche war die zugleich routinierteste Stabhochspringerin der Mannschaft. Nicole Humbert aus Landau wurde mit übersprungenen 4,40 Metern

Stabhochsprung Frauen

WR: Emma George (Australien) 4,60 m (1999)

Finale am 21. August 1999

1. Stacy Dragila (USA) 4,60 m (WR egalisiert)
2. Anshela Balachonowa (Ukraine) 4,55 (KR egalisiert)
3. Tatjana Grigorjewa (Australien) 4,45

Würdige Höhe: Beim letzten geglückten ihrer insgesamt 18 Stabhochsprung-Versuche überwand die Goldmedaillengewinnerin Stacy Dragila (USA) die bestehende Weltrekord-Höhe von 4,60 Metern.

Luftsprünge: Stacy Dragila

Stacy Dragila (USA), geboren am 25. März 1971.
Maße: 1,72 m/63 kg.
Größte Erfolge: Hallen-Weltmeisterin 1997.
Champion-Spruch: »18 Versuche! Also wirklich, so viele Luftsprünge hatte ich nicht vor ...«

Fünfte und verließ die Arena bester Dinge: »Ich bin mit der Höhe und mit dem Platz zufrieden.« Die Prognose der 27jährigen Vize-Europameisterin hatte zugetroffen: »Der Deutsche Rekord reicht nicht für den WM-Titel.« Allerdings glaubt sie auch nicht, daß die Medaillengewinnerinnen Recht haben, wenn sie glauben, daß die Fünf-Meter-Barriere bald fallen wird. »Das ist ein großer Schritt und der braucht seine Zeit.« Dragila Stacy hat im Überschwang des Sieggefühls schon mal Höhenluft geschnuppert: »Fünf Meter sind bei uns eine ähnliche Barriere wie bei den Männern die sechs Meter. Aber wer weiß, vielleicht erleben wir schon in Sydney einen Fünf-Meter-Wettbewerb.« Olympia 2000 oder später: Sicher ist, daß die Damen mit den Stäben hoch hinauswollen.

Frauen: Weitsprung

Flamenco um Gold: España olé

In den Flamenco-Bars Sevillas beginnen die Shows nicht vor Mitternacht. Aber die Weitspringerinnen sorgten im sportlichen Vorprogramm der andalusischen Nächte für einen temperamentvollen Tanz. Es wurde gejubelt, gestritten und protestiert – am Ende feierten die Spanier mit der Weltmeisterin Niurka Montalvo die erste WM-Goldmedaille. Daß sie erst ein Jahr den neuen Paß hat, spielte im Freudentaumel der WM-Gastgeber keine Rolle: Die gebürtige Kubanerin hat 1998 einen Spanier geheiratet und die Staatsbürgerschaft ihres Mannes angenommen.

Fiona flippte aus

Die deutschen Hoffnungen hatten ihre Dämpfer schon vorher erhalten: Heike Drechsler (Ludwigshafen) konnte wegen einer Muskelverletzung nicht antreten. Susen Tiedtke hatte mit der Medaillenvergabe nichts zu tun. Die Chemnitzerin wurde mit 6,68 Metern Siebte.
Noch vor dem letzten Durchgang hatte alles seine Ordnung: Die Weltmeisterin von 1995 und Favoritin Fiona May (Italien) führte mit 6,94 m. Die Gold-Hoffnung Marion Jones (USA) begann, sich damit abzufinden, daß sie kein Weitsprung-Gold gewinnen würde. Niurka Montalvo (Spanien) freute sich vorsichtig auf die Silbermedaille – und brachte zum Schluß das Blut der Spanier und der Konkurrentin gleich auf einmal in Wallung. »Sensation«, schrien die einen, »Skandal« die anderen. Mit dem allerletzten Versuch katapultierte sich Niurka Montalvo nach vorn. Der Kampfrichter hob die weiße Fahne – und Fiona May sah rot: Versuch gültig. Auf der Anzeigetafel leuchteten 7,06 Meter auf. Beste Weite! Wie eine Furie rannte die Italienerin an der Anlaufbahn entlang. Auf ihren Lippen formten sich alle lästerlichen Flüche, zu denen eine wütende Schönheit in der Lage ist. Aber gegen die Jubelgesänge und Begeisterungsstürme aus den Tribünen kam sie nicht an. España olé!
Übergetreten! »Jeder hat gesehen, was mit dem letzten Sprung los war«, schimpfte die 29jährige, die sich ihres eigenen Sieges schon so sicher gewesen war. Sie hatte zwar auch noch einen Versuch, aber

España olé! Fast in Hürdentechnik flog Niurka Montalvo bei ihrem letzten Versuch 7,06 Meter weit in die Weitsprunggrube hinein. Der äußerst knappe Absprung der Spanierin zog wütende Proteste der zweitplazierten Fiona May nach sich, die jedoch im Sande verliefen.

der war nichts wert. Mehr als 6,87 gelangen ihr nicht mehr. Und die 6,94 Meter aus dem dritten Anlauf waren plötzlich nur noch Silber wert. Stolz schwenkte die Spanierin die Landesfahne ihrer neuen Heimat, in die sie als gebürtige Kubanerin eingeheiratet hat. Auf der anderen Seite der Arena warteten die Hürdensprinter schon 20 Minuten lang auf etwas mehr Ruhe, um ihr Halbfinale zu bestreiten. Nichts zu machen: Wenn der Spanier feiert, kennt er keine Gnade. España olé!

Ein Damenkränzchen mit Fiona May, der Britin Joanne Wise und Marion Jones debattierte und gestikulierte wild. Hinter den Kulissen formulierte die italienische Delegation bereits den offiziellen Protest an den Internationalen Leichtathletik-Verband IAAF. Und Fiona Mays Ehemann Gianni Iapichino gab schon den Rücktritt seiner Frau bekannt, als diese noch auf einen Fortschritt durch die Jury wartete: »Sie hat genug, das ist das Ende ihrer Karriere.« España olé!

In allen Adern kochte das Blut. Fiona May, ursprünglich britischen Geblüts, kühlte nur langsam ab und bat um Geduld: »Ich muß mich zuerst beruhigen. Geben Sie mir eine halbe Stunde ...« Danach hatte sie Gewißheit: Silber statt Gold. Die IAAF-Jury tagte sofort nach dem Wettbewerb, wies den Protest ab und entschied zugunsten der Spanierin. »So ist das Leben«, resümierte eine sichtlich um Fassung bemühte Fiona May und resignierte schließlich: »Ich kann nicht sagen, daß ich glücklich bin. Aber ich bin Sportlerin – und nehme es hin.«

Sprint-Weltmeisterin Marion Jones entschied sich für den Auftritt der aufrechten Verliererin: »Natürlich bin ich ein kleines bißchen enttäuscht. Ich wollte gewinnen. Aber ich gratuliere Niurka. Sie hat den Sieg verdient.« España olé!

Weitsprung Frauen

WR: Galina Tschistjakowa (UdSSR) 7,52 m (1988)

Finale am 23. August 1999

1. Niurka Montalvo (Spanien) 7,06 m (NR)
2. Fiona May (Italien) 6,94
3. Marion Jones (USA) 6,83

Wieder im Finale: Wie schon oft bei großen Meisterschaften ist es Susen Tiedtke auch in Sevilla gelungen, bis ins Finale der besten acht zu springen. Mit 6,68 Metern hatte sie jedoch keine echte Medaillen-Chance.

Umstrittenes Gold: Niurka Montalvo

Niurka Montalvo (Spanien), geboren am 4. Juni 1968 in Havanna (Kuba). Maße: 1,70 m, 53 kg. Größte Erfolge: Vize-Weltmeisterin 1995. Champion-Spruch: »Im letzten Versuch bin ich gewöhnlich immer sehr gut. Das habe ich heute bewiesen.«

Frauen: Wurfdisziplinen

Gold-Küßchen: Franka Dietzsch war die dominierende Diskuswerferin dieser Saison und hatte die Goldmedaille mehr als verdient – drei ihrer sechs Versuche waren weiter als der beste der übrigen Konkurrenz.

»Es ist unbegreiflich«: Trotz einer 20monatigen Wettkampf- respektive Baby-Pause und einiger gesundheitlicher Probleme gewann Astrid Kumbernuss mit 19,85 Meter ihren dritten WM-Titel in Folge. Überglücklich stürmte ihr Trainer und Lebensgefährte Dieter Kollark den Innenraum und nahm die 29jährige erst einmal fest in die Arme.

'99

Nichts ist unmöglich: Astrid Kumbernuss
Astrid Kumbernuss (Neubrandenburg), geboren am 5. Februar 1970 in Grevesmühlen. Maße: 1,86 m, 89 kg. Größte Erfolge: Olympiasiegerin 1996, Weltmeisterin 1995 und 1997, Europameisterin 1990, Grand-Prix-Gesamtsiegerin 1997, Hallen-Europameisterin 1994 und ’96. Champion-Spruch: »Unbegreiflich. Nach Knieoperation und Kind dachte ich, daß es unmöglich ist, hier Weltmeisterin zu werden. Aber es ist möglich.«

Frauen: Kugelstoßen

Astrid Kumbernuss: Schöner als beim ersten Mal

Auf einmal purzelten alle Gefühle durcheinander. Astrid Kumbernuss lachte und weinte und schüttelte immer nur den Kopf. Sie flog Nadine Kleinert um den Hals, umarmte ihre schärfste Rivalin Swetlana Kriweljowa (Rußland). Schließlich stürmte Dieter Kollark den Innenraum des Olympiastadions: Der erste Kuß für die alte und neue Weltmeisterin gebührte dem Lebensgefährten und Trainer. Seite an Seite verließen zwei überglückliche deutsche Kugelstoßerinnen die Arena von Sevilla: Astrid Kumbernuss (Neubrandenburg) verteidigte mit 19,85 Metern im fünften Versuch ihren Weltmeistertitel. Die 23jährige Magdeburgerin Nadine Kleinert gewann mit 19,61 Metern die Silbermedaille vor der Weltjahresbesten Kriweljowa, die in Sevilla 19,43 Meter stieß. »Alles hat heute gestimmt: Silber und Bestleistung – ich bin sehr glücklich«, freute sich Nadine Kleinert.

Gold und Silber lieb’ ich sehr: Die Medaillen schmücken zwei Generationen von Kugelstoßerinnen. Nadine Kleinert gewann nach dem EM-Titel bei den U-23-Junioren 1997 nun ihre erste Medaille bei einer großen Meisterschaft. Olympiasiegerin Astrid Kumbernuss schrieb mit 29 Jahren Leichtathletik-Geschichte: Als erste Kugelstoßerin der Welt gewann sie drei WM-Titel in Serie.

Kopfschüttelnd verließ sie den Ort des Geschehens. »Es ist unbegreiflich, völlig unbegreiflich. Nach all den Gesundheitsproblemen und der Geburt meines Kindes habe ich so viele Male gedacht, daß das nicht geht. Und jetzt ist es passiert.« Unverhoffter Erfolg fühlt sich schön an. Sie lachte und sagte: »Ich habe während des Wettkampfs immer nur gedacht: Die anderen müssen Angst vor dir haben. Du mußt Eindruck machen. Und dann ging’s immer besser, ich wurde immer lockerer. Ich hatte immer Spaß daran. Es ist wunderschön.«

Eindruck macht sie schon allein durch ihre Erfolgsstatistik: Olympiasiegerin 1996, Weltmeisterin 1995 und 1997, Europameisterin 1990. Aber Statistiken sind hinterlistige Begleiter, wenn man sich im großen Wettkampf nach langer Pause erstmals wieder neu beweisen muß. Auf nichts ist Verlaß, schon gar nicht auf die Vergangenheit – und bei allem Wert großer Erfahrung: Für Astrid Kumbernuss (29) begann gestern ein neuer Teil ihrer Karriere. »Das glaubt mir keiner. Aber ich war nervös, als wär’s das erste Mal. Ich konnte in der Nacht vor dem Wettkampf nicht schlafen und habe zu meinem Lebensgefährten gesagt: Mensch, das kann doch nicht sein. Wieso bin ich so nervös?«

Deswegen: 20 Monate Wettkampfpause lagen zwischen ihrem zweiten WM-Triumph in Athen und ihrer Rückkehr in den Kugelstoß-Ring im Mai 1999 in Halle an der Saale. Eine Pause mit Tiefgängen und Höhenflügen: Im November 1997 ließ sie ihr lädiertes Knie operieren – aber die Genesung dauerte länger als erhofft und brachte mehr Komplikationen mit sich als erwartet. Die Angst, der Körper könne den Dienst für das Comeback versagen, trat endlich weit zurück, als sie eine wundervolle Erfahrung machte: die der Geburt ihres ersten Kindes. Im Juli 1998 kam Philip zur Welt. Sie wollte unbedingt zurück in den Leistungssport, aber die Zweifel wurden größer: »Ich habe so oft geweint und wollte alles hinschmeißen. Aber viele Leute haben zu mir gesagt: Du schaffst das. Und dann habe ich es halt probiert.«

Verstärktes Verantwortungsgefühl

Die Fahrt auf der Achterbahn der Gefühle hat Nerven und Kraft gekostet – und als sie optimistisch und motiviert wieder ernsthaft zu trainieren begann, mußte sie feststellen, daß der Körper nichts von dem konserviert, was einst so hart erarbeitet wurde. »Mit ihren ersten Versuchen«, erzählte Kollark, »wäre sie nicht einmal deutsche B-Jugendmeisterin geworden.« Zwölfeinhalb Meter. Kumbernuss: »Ich war schockiert« – und dachte verzweifelt: »21 Meter. Ich weiß gar nicht, wie ich das schaffen soll. Mein Gott.«

In solchen Momenten löst der Leistungsdruck sogar existentielle Ängste aus, wo sie so unmittelbar gar nicht vorhanden sind. »Wir müssen Geld verdienen.« Jeder weiß, daß solche Sorgen eher Leistung verhindern

Kugelstoßen Frauen

WR: Natalja Lissowskaja (UdSSR) 22,63 m (1987)

Finale am 25. August 1999

1. Astrid Kumbernuss (Neubrandenburg) 19,85 m
2. Nadine Kleinert (Magdeburg) 19,61 (PB)
3. Swetlana Kriweljowa (Rußland) 19,43

als steigern – und sie weiß, daß die Not so groß nun auch wieder nicht ist. Sie hat dank ihrer Titel und ihrer Rolle als Vorzeige-Lady des Kugelstoßens, die nicht nach Anabolika und Aufputschmittel riecht, mehr Geld verdient, als man das in ihrer Disziplin gewohnt ist. Aber das eigene Haus war im Bau, und ein Kind weckt ein verstärktes Verantwortungsgefühl. Das alles drückt aufs Gemüt, wenn man beim Training schmerzlich erkennen muß, daß Schnellkraft und Athletik wieder ganz neu aufgebaut werden müssen. Kumbernuss: »Alles war weg.«
Aber es kam wieder. Langsam, ganz langsam. Die Drehungen gingen reibungsloser, die Kugel lag sicherer in der Hand und verließ sie immer explosiver. Als sie im Mai in Halle erstmals wieder antrat, war sie »wahnsinnig aufgeregt und froh, nicht in Ohnmacht zu fallen«. Sie fiel nicht in Ohnmacht, sie stieß 19,10 Meter und schaute so verschmitzt in die Gegend, als hätte sie sich gerade selbst einen lustigen Streich gespielt. Auf einer langen Tingeltour durch 17 Stationen in Großstädte und Provinznester baute sie die Form auf, die ihr in Sevilla den vielleicht größten Erfolg ihrer Karriere bescherte – und 60 000 Dollar für die Haushaltskasse dazu.
Und noch einmal schüttelte sie den Kopf: »Noch nie habe ich in so einer Situation geheult.« Aber in so einer Situation war sie, ehrlich gesagt, auch noch nie.

Frauen: Diskuswerfen

Franka Dietzsch: Ein Glück – mit Gold und Geld

Franka Dietzsch trug wirklich leicht an ihrer schweren Tasche: Sie winkte hierhin und dorthin, holte sich nebenan im Innenraum bei Hochspringer Martin Buß ein Bussi ab und suchte flink die Reihen nach Dieter Kollark ab: »Ich würde ihn jetzt gerne ein bißchen umarmen.« Dessen Lebensgefährtin Astrid Kumbernuss muß solche Annäherungsversuche tolerant ertragen, denn Kollark trainiert nicht nur die Weltmeisterin und Olympiasiegerin im Kugelstoßen, sondern auch die beste Diskuswerferin der Welt. Mit 68,14 Metern gewann die amtierende Europameisterin Franka Dietzsch in Sevilla WM-Gold und genoß das perlende Hier und Jetzt so innig, daß sie keine Sekunde davon an die Zukunft verschwenden wollte: »Im Moment ist es einfach ein super Gefühl. Ich habe keine Träume für die Zukunft. Nächstes Jahr ist nächstes Jahr.«
So ist es richtig. Denn diese Momente sind selten und kostbar und flüchtig wie eine

Ein super Gefühl: Franka Dietzsch
Franka Dietzsch (Neubrandenburg), geboren am 22. Januar 1968 in Wolgast.
Maße: 1,83 m, 92 kg.
Größte Erfolge: Europameisterin 1998, Vierte der Olympischen Spiele 1996, Weltcup-Siegerin 1998.
Champion-Spruch: »Ich kam als Zweitbeste der Welt und habe jetzt Gold – es ist ein super Gefühl.«

Glücksgefühle: Nach ihrer überragenden Serie verwandelte sich die Anspannung bei Diskuswerferin Franka Dietzsch in überschäumende Freude: »Im Moment ist es einfach ein super Gefühl.«

Männerbastion erobert: Bei der WM-Premiere der Hammerwerferinnen gewann Mihaela Melinte erwartungsgemäß Gold mit einer Weite von 75,20 Metern.

Favoritensieg: Mihaela Melinte

Mihaela Melinte (Rumänien), geboren am 27. März 1975 in Bacau.
Maße: 1,70 m, 84 kg.
Größte Erfolge: Europameisterin 1998, Studenten-Weltmeisterin 1997, U-23-Europameisterin 1997.
Champion-Spruch: »Ich kam sehr zuversichtlich nach Sevilla, und es war ein guter Tag für mich.«

Frauen: Diskuswerfen

WR: Gabriele Reinsch (DDR) 76,80 m (1988)

Finale am 23. August 1999

1. Franka Dietzsch (Neubrandenburg) 68,14 m
2. Anastasia Kelesidou (Griechenland) 66,05
3. Nicoleta Grasu (Rumänien) 65,35

Feder im Wind. Seit neun Jahren gehört die 31jährige Neubrandenburgerin in ihrer Disziplin zur Weltklasse. Aber der große Durchbruch, der mit Medaillen und Siegen bei wichtigen Wettbewerben belohnt wurde, gelang ihr weder 1996 in Atlanta, als sie bei den Olympischen Spielen eine untröstliche Vierte war, noch bei den Weltmeisterschaften 1997 in Athen, als eine langwierige Fußgelenkentzündung ihr so schwer zu schaffen machte, daß sie nicht einmal die Qualifikation überstand.
1998 bei den Europameisterschaften drohte ihr wieder dieser verdammte vierte Platz – bis sie mit dem sechsten und letzten Versuch endlich ihr Mühen vergoldete. In Sevilla nun macht der Blick auf die detaillierte Ergebnisliste einen ganz anderen Eindruck: Mit drei ihrer fünf gültigen Würfe übertrumpfte sie alle Konkurrentinnen. Die Griechin Anastasia Kelesidou wurde mit 66,05 Metern Zweite vor Bronzemedaillengewinnerin Nicoleta Grasu (Rumänien), die auf 65,35 Meter kam.
Aber Franka Dietzsch hatte nicht die geringste Lust, ihre Dominanz in die Nähe von Langeweile rücken zu lassen. »Es war trotzdem nicht leicht«, sagte sie überzeugend und unterstrich das mit der Nervosität, die sie vor dem Wettkampf hatte: »Ich war so tierisch aufgeregt. Ich konnte mich weder ruhig an den Pool legen, noch konnte ich vor dem Wettkampf einen Mittagsschlaf halten. Das hatte alles keinen Zweck.«
Wichtig war freilich nur eines: Daß die Nervosität nicht das Selbstbewußtsein vertrieb, mit dem die im Wesen eher bescheidene Athletin ihre Qualitäten im Wettkampf durchsetzte: Beißender Ehrgeiz, der die Konkurrentinnen für sie zu Feindinnen machen müßte, ist ihr fern. Statt dessen setzt sie ihre Klasse ein: eine ausgezeichnete Technik, ein gutes Rhythmus-Gefühl und hohe Drehgeschwindigkeit im Wurfring.
Die nette Neubrandenburgerin, die 1991 aus Rostock zu Kollarks Trainingsgruppe kam, schwindelt nicht, und es wird ihr auch nicht schwindelig, wenn sie mal ein paar Träume an den Ruhm anderer Sportarten verschwendet und doch überzeugt zur eigenen Disziplin steht: »Ich würde gerne Tennis spielen und mehr Geld verdienen, aber dafür habe ich nicht das Talent. Aber ich habe günstige Voraussetzungen für das Diskuswerfen. Also habe ich eine gute Wahl getroffen.«
So ist sie: bereit für Höhenflüge, aber immer bemüht, den Boden unter den Füßen nicht zu verlieren. Vielleicht hat sie deswegen auch nach den Erfolgen in Budapest, beim Weltcup-Sieg in Johannesburg 1998 oder ihrem zweiten Platz im Grand-Prix-Finale in Moskau '98 nie ernsthaft erwogen, Diskuswerfen zum Hauptberuf zu machen. Franka Dietzsch verläßt sich lieber auf das, was sie sonst noch gelernt hat: Als Angestellte der Stadtsparkasse Neubrandenburg steht sie Tag für Tag fünf Stunden lang hinter dem Schalter und berät und bedient die Kunden ihrer Bank. Entweder ist vormittags Training und nachmittags Arbeit – oder umgekehrt. »Profi? Ich weiß gar nicht, ob mir das guttun würde. Ich hätte Angst, abzustumpfen.«
Immerhin sichert der eine Beruf, daß die Einnahmen aus der anderen Profession gut angelegt werden. 60000 Dollar Siegprämie gab es für ihren WM-Titel. Davon allerdings erfuhr sie erst, als Kollege Kobs nach seinem Coup mit dem Hammer gefragt wurde, was er damit nun zu tun gedenke. Franka Dietzsch hörte statt dessen mitten in ihrem Wettbewerb andächtig zu, wie sie zu Kobs Ehren die deutsche Nationalhymne bei der Siegerehrung spielten – und behauptete später: »Im Ernst. Wenn ich hätte wählen müssen: Gold oder Geld, ich hätte die Medaille genommen.« Im Ernst: Ein Glück war, daß Gold und Geld nur Hand in Hand zu haben waren.

Frauen: Hammerwerfen

Premieren-Gold für die Favoritin

Zusammen mit den Stabhochspringerinnen eroberten die Hammerwerferinnen in Sevilla die letzte männliche Bastion der

Hammerwerfen Frauen

WR: Mihaela Melinte (Rumänien) 76,07 m (1999)

Finale am 24. August 1999

1. Mihaela Melinte (Rumänien) 75,20 m
2. Olga Kusenkowa (Rußland) 72,56
3. Lisa Misipeka (Amerikanisch-Samoa) 66,06

Leichtathletik im Weltmeisterschafts-Programm. Erstmals wurden Medaillen in diesen Disziplinen auch an Frauen vergeben. Und das schwache Geschlecht macht sich stark: Die Favoritin Mihaela Melinte aus Rumänien gewann mit 75,20 Metern den ersten Titel im Hammerwerfen. Die 24jährige demonstrierte ihre Klasse mit fünf Würfen über 70 Meter und war überzeugt, daß nur die lähmende Hitze sie von einer noch größeren Weite abgehalten habe. Melinte: »Unter besseren Bedingungen hätte der letzte Wurf ein bis zwei Meter weiter sein können.« Nur die Russin Olga Kuzenkowa kam mit 72,56 Metern in die Nähe der Siegerin. Bronze gewann Lisa Misipeka aus Amerikanisch-Samoa mit 66,06 Metern. Die Deutsche Meisterin Simone Mathes (Leverkusen) wurmte nur eines: »Daß 66,06 Meter für Bronze reichten« – und sie mit 64,93 Metern als Siebte unter ihren Möglichkeiten blieb. Kirsten Münchow, 1998 in Budapest als Bronzemedaillengewinnerin gefeiert, zollte der großen Hitze Tribut: Mit 64,03 Metern wurde die 22jährige von der LAC Quelle Fürth/München Achte.

Ein Bild des Jammers: Tanja Damaske hatte sich im Speerwurf gute Chancen ausgerechnet. Doch schon vor dem ersten Versuch verletzte sich die Berlinerin beim Einwerfen an der Achillessehne.

Frauen: Speerwerfen

Operation statt Medaille

Tanja Damaske spürte »einen dumpfen Knall im linken Fußgelenk« und wußte: Das war's. Sie bettete ihren Fuß noch für ein paar Minuten in dicke Eisbeutel und humpelte aus dem Stadion. Ein Achillessehnenriß hatte die Medaillenhoffnungen der Berlinerin beim Aufwärmen schon vor dem ersten Versuch platzen lassen. Dabei hatte sich die Europameisterin nach einem Bänderriß im Frühjahr noch rechtzeitig in WM-Form gebracht. Aber nicht nur die Psychologie-Studentin mußte schwere Stunden aushalten. Die Leverkusenerin Steffi Nerius scheiterte in der Qualifikation: Nach einer Schulteroperation im Februar war die Muskulatur für weite Würfe noch nicht kräftig genug. Die Olympia-Dritte Karen Forkel (Halle) hatte nur mit Mühe die Qualifikation überstanden. Der verletzte Arm schmerzte, und die Nerven versagten den Dienst – sie wurde im Finale Zwölfte und Letzte (54,65). Und das Fazit von Steffi Nerius gilt eigentlich für alle drei DLV-Werferinnen: »Das ist nicht mein Jahr.«

Es war der Tag der Mirela Manjani-Tzelili (22): Die gebürtige Albanerin, die nach ihrer Hochzeit mit einem griechischen Gewichtheber dessen Staatsbürgerschaft annahm, gewann WM-Gold mit dem neuen Speer, der sich – mit einem um drei Zentimeter nach vorne verlagerten Schwerpunkt – bei hochklassigen 67,09 Metern in den Rasen bohrte. Titelverteidigerin Trine Solberg-Hattestad (Norwegen) mußte außerdem der Russin Tatjana Schikolenko (66,37 m) auf dem Medaillentreppchen den Vortritt lassen und freute sich über Bronze (66,06): »Natürlich hatte ich gehofft, hier zu gewinnen, aber ich bin mit meiner Medaille ganz zufrieden.« Das macht die Gelassenheit der Jahre: Die zweimalige Weltmeisterin ist elf Jahre älter als die neue Titelträgerin.

Speerwerfen Frauen

WR: Petra Felke (DDR) 80,00 m (1988)

Finale am 28. August 1999

1. Mirela Manjani-Tzelili (Griechenland) 67,09 m (PB)
2. Tatjana Schikolenko (Rußland) 66,37 (PB)
3. Trine Solberg-Hattestad (Norwegen) 66,06

Spätes Zittern: Mirela Manjani-Tzelili

Mirela Manjani-Tzelili (Griechenland), geboren am 21. Dezember 1976 in Dirachio (Albanien). Maße: 1,65 m, 60 kg. Größte Erfolge: WM-Elfte 1997, WM-Zwölfte 1995. Champion-Spruch: »Angst hatte ich nur bei Trine Hattestads letztem Versuch. Ich konnte nicht hinsehen.«

Frauen: Siebenkampf

So weit wie die Spezialistinnen: Ihr bester Versuch über 6,86 Meter hätte der für Frankreich startenden Siebenkampf-Königin Eunice Barber sogar im Einzelwettbewerb der Weitspringerinnen zur Bronzemedaille gereicht.

Am Ziel der Träume: 6861 Punkte und Gold für Eunice Barber (großes Bild). Die sechstplazierte Karin Specht-Ertl (unten) war eine der ersten Gratulantinnen nach einem Wettkampf, in dem weder die Britin Denise Lewis (links) noch die Russin Irina Vostrikowa (unten links) den Sieg der aus Sierra Leone stammenden Modell-Athletin gefährden konnten.

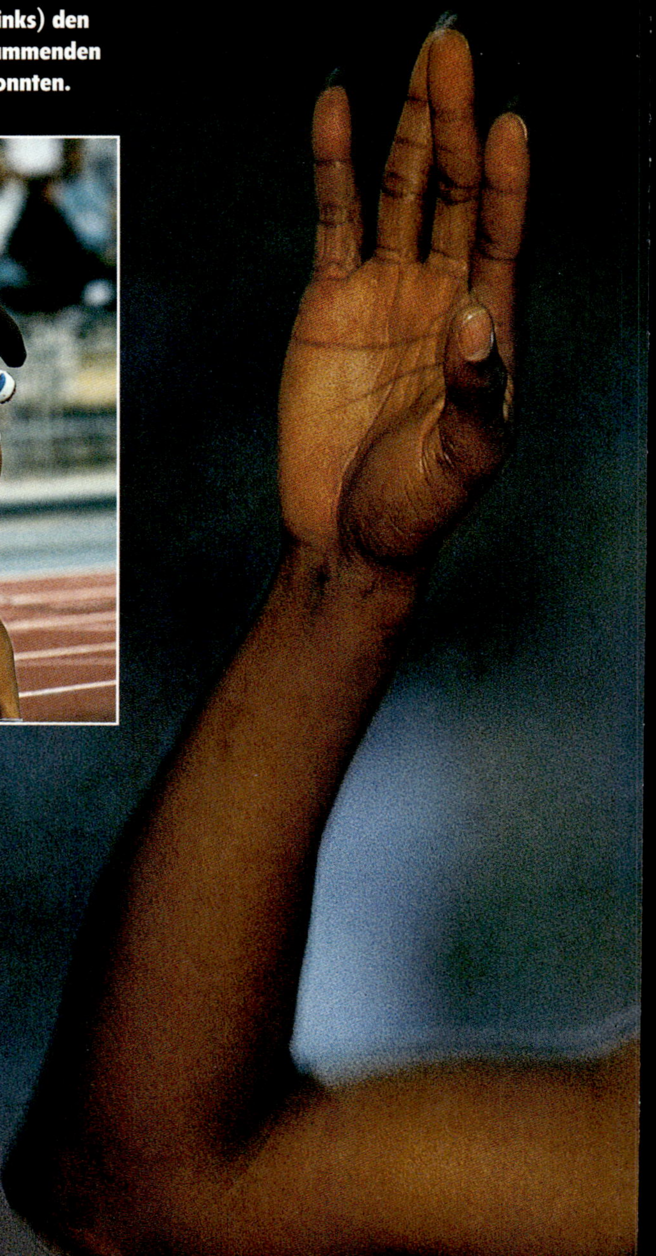

33

Frauen: Siebenkampf

Sabine Braun: Sevilla macht Mut für Sydney

Schlaflose Nacht: Eunice Barber
Eunice Barber (Frankreich), geboren am 17. November 1974 in Freetown (Sierra Leone). Maße: 1,75 m, 68 kg. Größte Erfolge: Olympia-Fünfte 1996, WM-Vierte 1995.
Champion-Spruch: »Ich bin sehr glücklich, daß ich heute gewonnen habe, aber ich habe letzte Nacht sehr schlecht und unruhig geschlafen.«

Es war der Tag nach dem Wettkampf, in dem sie »genau den Platz erreicht hat, den kein Athlet haben möchte«. Sabine Braun saß als Siebenkampf-Vierte im DLV-Club neben Karsten Kobs und hörte lange schweigend zu, wie der Weltmeister im Hammerwerfen ausführlich aus seinem Leben, seinem Wettkampf und über seine Gefühle berichtete. Sie kennt diese Leichtigkeit des Seins, dieses unbeschwerte und unbelastete Gefühl, mit Flügeln über dem Erdboden zu schweben und noch nicht richtig zu wissen, wie sich der Boden unter den Füßen wieder anfühlen wird. Sie war schon zweimal Weltmeisterin. Diesmal wußte die Wattenscheiderin schon vor dem Wettkampf, daß sie es nicht werden würde. »Mal ehrlich: Zu Beginn der Saison hätte doch keiner einen Pfifferling auf mich gegeben.« Kurze Pause, dann setzte sie nach: »Ich selber auch nicht.« So gesehen hätte sie allen Grund zum Feiern gehabt. Sabine Braun hat mit 6497 Punkten den besten Mehrkampf der Saison in Sevilla abgeliefert. Aber sie ist Vierte geworden. Drei Zehntelsekunden fehlten ihr im abschließenden 800-Meter-Lauf, um ihren knappen Vorsprung vor der Syrierin Ghada Shouaa zu halten. Drei Punkte fehlten ihr danach, um wenigstens mit ihr gleichauf zu bleiben. »Das ist schon bitter. Ich könnte jetzt sechs Disziplinen aufzählen, in denen ich die drei Punkte hätte aufholen können.« Wie in einem Einbaum auf hoher See schwankten die Gefühle hin und her – und schließlich ist es der trockene Humor, der sie aus der Not befreite und an Land brachte: »Es ist schade, aber ich muß den Kopf nicht hängen lassen. Ich habe alles gegeben. Und ich war schon zweimal Weltmeisterin, einmal Zweite und Olympia-Dritte. Vierte war ich noch nie.«

Schon nach dem ersten Tag war klar, daß die im Februar in Frankreich eingebürgerte Afrikanerin Eunice Barber auf dem besten Weg zum Titel war. Mit der persönlichen Bestleistung von 6861 Punkten gewann die 24 Jahre alte, aus Sierra Leone stammende Afrika-Rekordhalterin souverän die Gold-

medaille vor der britischen Europameisterin Denise Lewis (6724). Das spannendste Duell war in der Tat das um die Bronzemedaille – zumal zwei Athletinnen darum kämpften, die sich trotz so unterschiedlicher Herkunft näher sind, als man auf den ersten Blick ahnen kann. Ghada Shouaa, amtierende Olympiasiegerin und Weltmeisterin von 1995, lebt und trainiert in Mainz. Sie kam im März 1997 nach Deutschland, um ärztliche Hilfe zu suchen. Eine schwere Rückenverletzung ließ sogar zeitweilig ein Leben im Rollstuhl befürchten. Drei Monate lang wurde sie nach einem Aufenthalt im Koblenzer Bundeswehr-Krankenhaus in der Loreley-Klinik in St. Goar erfolgreich therapiert – und zwar mit dem Segen und der finanziellen Unterstützung aus ihrer Heimat: Der syrische Leichtathletik-Verband zahlte seiner Volksheldin Aufenthalt, Arzt- und Physiotherapie-Rechnungen. Ein Jahr vor der WM kehrte Ghada Shouaa ins Training zurück – aber sie blieb dafür in Mainz und wird seither von Coach Axel Schaper betreut.

Auch Sabine Braun hatte einmal eine lange Leidensgeschichte hinter sich, die mit dem Verlust ihrer Mutter und dem frühen Tod ihrer Schwester Schicksalsschläge der härtesten Sorte bargen. Aber ihre Seele lernte wieder lachen – und so feierte Sabine Braun ihre sportliche Wiedergeburt mit dem Titel 1997 in Athen. Der Weg nach Sevilla führte über eine Neuorganisation ihres Trainings: Im Mai trennte sich Sabine Braun von ihrer langjährigen Trainerin Gertrud Schäfer und arbeitete danach mit Disziplin-Spezialisten weiter: Im Wurfbereich mit Beate Peters, im Lauf mit Wolfgang Stein, im Sprung mit der ehemaligen Hochspringerin Brigitte Kurschilgen-Holzapfel. Die Umstellungszeit war kurz – aber sie öffnete in Sevilla Perspektiven auf die Olympischen Spiele 2000. »Ich weiß jetzt, daß im nächsten Jahr mehr drin ist.« Das war der entscheidende Aspekt, denn Sabine Braun möchte »auf alle Fälle in Sydney teilnehmen und auch eine Medaille gewinnen. Denn das wird sehr wahrscheinlich mein letzter Wettkampf und der Abschluß meiner Karriere sein.«

Während die 34jährige Sabine Braun zuversichtlich dem Ende ihrer erfolgreichen Laufbahn entgegenblickt, feierte Karin Specht-Ertl (Fürth/München) einen erfolgreichen WM-Einstand. Bei ihrem ersten weltmeisterlichen Siebenkampf wurde die 25jährige mit 6317 Punkten ausgezeichnete Sechste. Es sind oft verschiedene Blickwinkel, aus denen sich gute Aussichten ergeben.

Wimpernschlag-Finale: Die Winzigkeit von drei Punkten trennte Sabine Braun und Ghada Shouaa (linke Seite) beim Kampf um die Bronzemedaille. Die mittlerweile in Deutschland lebende amtierende Olympiasiegerin aus Syrien konnte ihr Glück nach einer langwierigen Verletzungspause kaum fassen, während sich die 34jährige deutsche Mehrkämpferin nach überwundener Enttäuschung zuversichtlich zeigte: »Ich weiß jetzt, daß im nächsten Jahr mehr drin ist.«

Siebenkampf Frauen

WR: Jackie Joyner-Kersee (USA) 7291 Punkte (1988)

Finale am 22. August 1999

1. Eunice Barber (Frankreich) 6861 Punkte (PB)
   (100 m Hürden: 12,89 Sek. – Hoch: 1,93 m – Kugel: 12,37 m – 200 m: 23,57 Sek. – Weit: 6,86 m – Speer: 49,88 m – 800 m: 2:15,65 Min.)
2. Denise Lewis (Großbritannien) 6724
   (13,61 – 1,87 – 16,12 – 24,26 – 6,64 – 47,44 – 2:16,87)
3. Ghada Shouaa (Syrien) 6500
   (14,21 – 1,81 – 15,76 – 24,26 – 6,04 – 54,82 – 2:16,20)

Männer: Kurzstrecken Staffeln

»Kansas Cannonball«: Der aus Kansas City stammende Weltrekordhalter Maurice Green untermauerte bereits im 100-Meter-Finale seine Ansprüche auf Gold in den Sprintdisziplinen. Mit 9,80 Sekunden verwies er Bruny Surin (Kanada; 9,84) und Dwain Chambers (Großbritannien; 9,97) auf die Plätze.

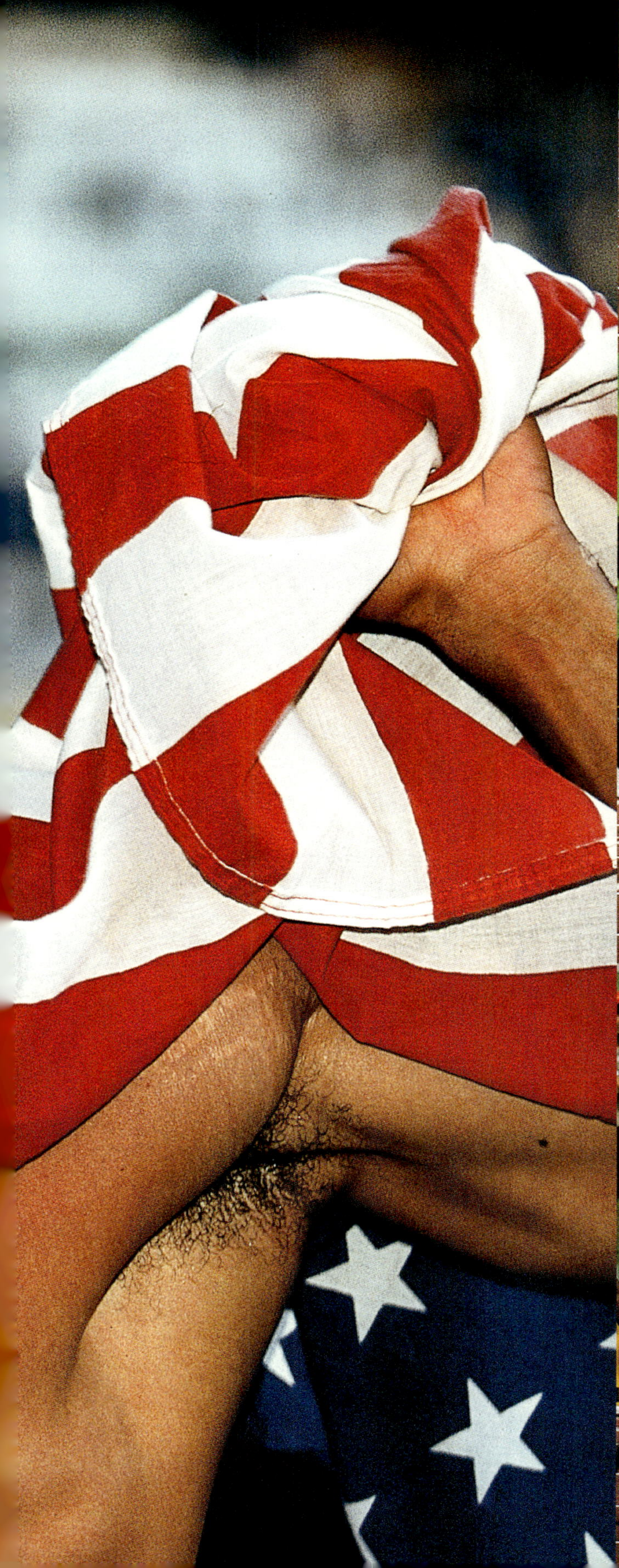

Greene im Goldrausch: Nach seinem Triumph über 200 Meter sprintete Maurice Greene (USA) auch mit der Staffel zu Gold – obwohl die US-Boys (37,59 Sekunden) bekanntlich keinen allzu großen Wert auf gut getimte Wechsel legen und die nachfolgenden Teams aus Großbritannien (37,73) und Nigeria (37,91) jeweils Kontinental-Rekorde liefen.

FILA
BRA
BRA
TDK
GBR
SEVILLA '99

Männer: 100 m

Maurice Greene: Schnell, schneller, am schnellsten

Es wurde ganz still im Olympiastadion von Sevilla. Die Zuschauer dämpften ihre Stimmen, raunten einander ein hektisches »Psst!« zu und hielten die knisternden Salzgebäcktüten so vorsichtig in der Hand wie ein teures, zerbrechliches Champagnerglas. Es war die Spannung vor dem dramatischen Showdown eines WM-Höhepunkts: 100-Meter-Endlauf. Wer ist der schnellste Mann der Welt? Es war hinterher der, der es schon vorher war: Der Amerikaner Maurice Greene (25) verpaßte als (alter und) neuer Weltmeister seinen eigenen Weltrekord (9,79 Sekunden) mit 9,80 Sekunden nur um eine hundertstel Sekunde. Aber er hatte einen Mann auf den Fersen, mit dem so ernsthaft niemand gerechnet hatte: Der Kanadier Bruny Surin, rechts neben ihm auf der Bahn, startete derart rasant, daß bei 50 Metern noch die Sensation in der Luft lag. Nicht für Greene freilich: Der 25jährige war »nicht überrascht, daß Surin mich herausfordern würde. Er ist immer gut gelaufen, und er ist ein starker Wettkampftyp.« Daß er auf den letzten Metern doch dem haushohen Favoriten den Vortritt lassen mußte, schrieb er später seiner eigenen Aufregung

Goldenes Double: Als erstem Sprinter in der Geschichte der Weltmeisterschaften gelang es Maurice Greene nach dem Titel über 100 Meter den Rest der Welt auch über die doppelte Distanz hinter sich zu lassen.

zu, die ihn erfaßt hat, als er sich plötzlich vor Greene fühlte. Surin: »Ich habe mich sehr gut gefühlt. Aber als ich mich auf einmal vor Maurice laufen sah, bin ich innerlich ein bißchen durcheinandergeraten.« Vor lauter Aufregung »habe ich meine Technik vernachlässigt. Das hat mein Finish zerstört. Wie auch immer: Auch wenn mein Lauf nicht hundertprozentig perfekt war, bin ich zufrieden.«

Mit Recht: Der Kanadier rückte nämlich mit seiner Silber-Zeit von 9,84 Sekunden in der Ewigen Bestenliste der Sprinter zu seinem Landsmann Donovan Bailey auf, der sich nicht besonders gut in Form und der starken Konkurrenz nicht gewachsen fühlte. Damit fehlten zwei Große im schnellen Geschäft: Der Olympiasieger verzichtete auf Einzelstarts und bewahrte seine Kräfte im Teamgeist für die Staffel. Und Greenes Trainingsgefährte Ato Boldon (Trinidad) mußte wegen einer Verletzung passen. Also nutzte der Brite Dwain Chambers seine Chance und freute sich mächtig über die Bronzemedaille: »Ich werde liebend gerne das Podium betreten.« Er wußte, »daß es ein hartes Rennen werden würde. Ich hoffte, daß ich persönliche Bestzeit laufen und das für eine Medaille reichen würde.« 9,97 Sekunden brachten ihm das Edelmetall. »Als ich nach 50 Metern nur einen Meter hinter Maurice war, dachte ich bloß: Häng' dich dran.«

Das waren eher bescheidene Kommentare im Vergleich zum Sieger des Abends. Maurice Greene entspricht dem Erkennungszeichen der Weltklasse-Sprinter absolut: Er redet gern länger, als er läuft. Im Stil der großen Box-Champions trommelte er schon vor dem Finale mit Worten. Kostproben gefällig: »Paßt auf das Phänomen auf. Wenn ich ein perfektes Rennen liefere, wird es den Leuten das Gehirn davonblasen ...« Oder: »Man sagt, die Bahn ist schnell. Ich bin ganz wild darauf zu erfahren, wie schnell sie ist.« So flink er mit der Zunge war, kam er diesmal freilich nicht aus dem Startblock. »Ich habe nur gedacht: Keine Panik, konzentriere dich auf dein Rennen. Nach 75 bis 80 Metern wußte ich, daß ich gewinnen würde.«

100 m Männer

WR: Maurice Greene (USA) 9,79 Sek. (1999)

Finale am 22. August 1999

1. Maurice Greene (USA) 9,80 Sek.
2. Bruny Surin (Kanada) 9,84 (NR)
3. Dwain Chambers (Großbritannien) 9,97 (PB)

Der Sprint. Atemlos, ein Stakkato der Füße, denen die Muskeln des ganzen Körpers zuarbeiten. Immer geradeaus, mit Tunnelblick im Gesicht und Dynamit in den Beinen. Kaum guckt man hin, ist es schon vorbei. Geschmeidig und kraftvoll wie Raubkatzen im Dschungel – das sind die Vergleiche, die sie lieben und aus denen sie das trügerische Gefühl schöpfen, etwas Besonderes zu sein.

Im Hintergrund der animalischen Faszination arbeiten Biomechaniker und Trainingswissenschaftler an Computern, um der Schnellkraftmaschine Körper noch mehr Schub zu geben.

John Smith, der Trainer von Maurice Greene, sagt: »Jemand, der intelligent umgeht mit Geschwindigkeit, muß ticken wie eine Uhr.« Und ohne Intelligenz gehe es schon gar nicht. »Ein Sprinter muß eine riesige Menge von

Informationen aufnehmen und sie in exakte Bewegungen umsetzen.«

Das klingt, als müsse man die Athleten wie intelligente Roboter als Laufmaschinen programmieren, um sie eines Tages die Zielgerade unter neun Sekunden hinunterrennen zu sehen. Und daran arbeiten sie. Mit erlaubten – und manche mit unerlaubten Mitteln. Der Amerikaner Dennis Mitchell fehlte in Sevilla wegen einer Doping-Sperre – und Ex-Weltmeister Linford Christie, der nach seinem offiziellen Rücktritt noch gelegentlich einzelne Rennen bestritt, war ebenfalls vor der WM positiv getestet worden.

Die Motivation ist klar: Schneller, schneller, am schnellsten. Ein Trost nur, daß das alles dennoch ganz schön langsam geht: 1912 markierte der Amerikaner Donald F. Lippincott in Stockholm mit 10,6 Sekunden die erste notierte Bestmarke der Sprintgeschichte. 1960 setzte der Deutsche Armin Hary in Zürich mit 10,0 Sekunden auf einer roten Aschenbahn einen Meilenstein. Jim Hines (USA) unterbot 1968 in Mexiko als erster Mensch der Welt mit 9,95 Sekunden die Zehn-Sekunden-Schallmauer. Und zuletzt also Maurice Greene – 9,79 Sekunden. 87 Jahre haben sie also für nicht einmal eine Sekunde gebraucht. Also mal ehrlich: Was nützt ein so zähes Vorwärtskommen eigentlich der Menschheit? Nichts natürlich. Sprints taugen nämlich nicht, um den Fort-Schritt der Menschen zu dokumentieren. Sie sind immer nur faszinierend für den Augenblick, in dem sie stattfinden – ohne vernünftige Argumente, aber mit jeder Menge prickelnder Gefühle.

Männer: 200 Meter

Greene im Glück: Einzigartig

Der Coup ist geglückt: Maurice Greene sicherte sich wenige Tage nach seinem Sieg über 100 Meter auch den Weltmeistertitel über die doppelte Distanz. Seine Zunge schnalzte noch schneller und aufgeregter, als sie es ohnehin schon immer tut – und natürlich faßte der Amerikaner die Einzigartigkeit seines Erfolgs sofort in Worte: »Es ist ein großartiges Gefühl, etwas erreicht zu haben, was nie zuvor einem anderen gelungen ist. Davon träumte ich schon als Kind.« In der Tat gab es vor ihm keinen Weltmeister, der das Double über 100 und 200 Meter geschafft hat. Und es war alles andere als ein Spaziergang, denn im Halbfinale hatte sich plötzlich und unversehens ein Konkurrent angekündigt, den es nicht zu unterschätzen galt: Der ehemalige Junioren-Weltmeister Francis Obikwelu aus Nigeria rannte phantastische 19,84 Sekunden – und diese Zeit stimmte sogar den selbstsicheren Favoriten nachdenklich: »Ob ich nervös war?«, sagte Greene, »natürlich war ich das. Man muß ein bißchen nervös sein, wenn einer 19,84 läuft.« Es stimulierte ihn freilich auch: Schon in der Kurve lag der Kalifornier in Führung und hielt diese bis ins Ziel. Der Brasilianer Claudinei da Silva, 1997 Vize-Weltmeister in Athen, lief in 20,00 Sekunden persönliche Bestzeit und bekam dafür diesmal Silber. Der 20jährige Obikwelu, der seit 1994 in Portugal lebt und trainiert, war »sehr, sehr müde«.

Frankie Fredericks verzichtete

Er hatte nach der glänzenden Vorstellung im Vorspiel an seine Chance auf einen Sieg geglaubt, mußte dann aber feststellen, daß »das Halbfinale wesentlich mehr an meinen Kräften gezehrt hat, als ich angenommen habe«. Ein guter alter Bekannter mit zuverlässigen Erfolgsquoten fehlte im Endlauf von Sevilla: Frankie Fredericks, mit neun olympischen und WM-Medaillen ein langjähriger Münzensammler im Sport-Geschäft, hatte wegen einer Blessur schon auf das 100-Meter-Finale verzichtet, um seine Chance auf der von ihm bevorzugten längeren Sprintdistanz zu wahren. Aber die schmerzhafte Nervenentzündung im Oberschenkel ließ das Kräftemessen mit den Besten nicht zu: Der Namibianer verzichtete.

Verletzt schied auch die deutsche Nachwuchshoffnung aus. Der Sindelfinger Stefan Holz (20) tastete sich mit beachtlichen Zeiten in Vorlauf (20,72) und Viertelfinale (20,59) an die Weltbesten heran – und stoppte mitten im Halbfinale plötzlich mit dem typischen, eine Zerrung andeutenden Griff an den Oberschenkel. Schade für Sevilla – aber kein Grund, der Zukunft abzuschwören.

200 m Männer

WR: Michael Johnson (USA) 19,32 Sek. (1996)

Finale am 27. August 1999

1. Maurice Greene (USA) 19,90 Sek.
2. Claudinei Quirino da Silva (Brasilien) 20,00 (PB)
3. Francis Obikwelu (Nigeria) 20,11

Einzigartiges Double: Maurice Greene

Maurice Greene (USA), geboren am 23. Juli 1974 in Kansas City.
Maße: 1,76 m, 75 kg.
Größte Erfolge: Weltmeister 1997, Weltrekord 1999 (9,79), Hallen-Weltmeister 1999 (60 m).
Champion-Spruch: »Es ist großartig, etwas vollendet zu haben, was nie zuvor ein anderer Mensch erreicht hat.«

Nachwuchshoffnung: Der 20jährige Stefan Holz aus Sindelfingen tastete sich mit 20,59 Sekunden im Viertelfinale über 200 Meter an die Weltspitze heran, schied im anschließenden Halbfinal-Lauf aber verletzungsbedingt aus.

Männer: 400 Meter

Die Johnson-Aktie: 43,18 Sekunden für die Ewigkeit – oder doch nicht?

Es gibt Weltrekorde, die wie Sternschnuppen vom Himmel fallen. Überraschend und unerwartet an irgendeinem Ort zu irgendeiner Zeit. Und es gibt Weltrekorde, die sich anbahnen, die ihre Spannung aufladen wie Akkus ihre Energie – und die sich dann über dem Athleten und seinen Zuschauern entladen. Solch einer war der von Michael Johnson am Abend des 26. August in Sevilla. Nach 43,18 Sekunden blieb die Uhr stehen. Michael Johnson warf einen kurzen Blick auf die Anzeigetafel und deutete mit dem Zeigefinger darauf: »Ich denke«, sagte er später nüchtern bilanzierend, »es war perfekt.«

19 Rennen unter 44 Sekunden brauchte er, um die zehn Jahre alte Bestmarke (43,29) seines Landsmannes Harry Butch Reynolds vom 18. August 1988 in Zürich zu unterbieten. Johnson größter Wunsch ist in Erfüllung gegangen: »Diesen Weltrekord wollte ich immer.«

Und weil das so ist, weil dieser Weltrekord ein bis ins Detail erarbeitetes und beharrlich angepeiltes Planziel war, blieb für spontane Momente auch danach nicht viel Raum. Nur die eilig mit der Zahl 43,18 beschriftete weiße Tafel, die er auf der Ehrenrunde dabeihatte, mußte improvisiert werden. Michael Johnsons Introvertiertheit öffnet auch in solchen emotionalen Momenten keine Tür ins Innenleben. Der Texaner rechnet seine Erfolgsbilanzen wie Aktienkurse hoch, und seine Rennen haben den Charakter perfekt getimter Börsengänge. »Ich habe meinen Job gemacht«, ließ er wissen, »und ich habe ihn gut gemacht.«

Die beiden anderen Medaillengewinner teilen ein Schicksal: Man wird sich kaum an sie erinnern, weil aller Ruhm dem Einen und Einzigen gehört. Vize-Weltmeister Sanderlei Claro Parrela (Brasilien) nutzte den Sog des Schnellsten: »Wir wußten, was Johnson heute Abend vorhatte – und ich dachte einfach, wenn ich dicht an ihm dranbleiben würde, werde ich gut sein.« Bronzemedaillen-Gewinner Alejandro Cardenas (Mexiko) freute sich: »Das ist der Ausgleich für die vielen Male, bei denen meine Freunde und meine Familie etwas mit mir unternehmen wollten und ich immer mit der Begründung absagte: Ich muß trainieren.« Johnson ist für ihn »ein Held«.

Perfekte Weltrekord-Inszenierung: Diese seit 1988 von Landsmann Harry »Butch« Reynolds gehaltene Bestmarke über 400 Meter fehlte ihm noch im Trophäenschrank. In Sevilla machte Superstar Michael Johnson seine Ankündigung wahr und lief mit 43,18 Sekunden eine neuen Fabel-Weltrekord über die Stadionrunde.

Kalkulierte Erfolge

Ein Held mit Köpfchen. Als diplomierter Marketing-Fachmann weiß Michael Johnson den Wert solcher Knüller schnell hochzurechnen: 100 000 Dollar für den Weltrekord plus 60 000 Dollar für den Titel macht die Notierung zu einem lohnenswerten Unternehmen. Und hätte er nicht irgendwann bemerkt, daß es sich gut macht in der Öffentlichkeit, wenn man die Freude mit anderen teilt, hätte die Kühle seines Charakters sogar die Hitze des Abends um ein paar Grade gesenkt: »Ich bin extrem glücklich, daß meine Frau und meine Eltern da sind und ich mit ihnen feiern kann.«

Es war mehr der kleine Ausflug in die vergangenen Jahre seiner Karriere, die einem den Star der Stadionrunde von Sevilla näherbrachte. Der Sieg über die 400 Meter in Andalusien bescherte ihm den achten Weltmeistertitel – und damit zog er gleich mit der Legende Carl Lewis. Wenige Tage später hatte er ihn mit dem neunten WM-Gold in der 4-mal-400-m-Staffel übertrumpft. Den olympischen Vergleich mit dem ehemaligen Sprinter und Weitspringer muß er freilich außer acht lassen: Johnson kommt bislang auf drei Goldmedaillen – Lewis ist mit neun Olympiasiegen von der Bühne abgetreten.

Merken Sie was? Schon wieder entführt einen die Karriere von Michael Johnson ins Reich der Zahlen und Statistiken, ohne daß einem der Mensch dabei näherkommt. »Die

Leute denken immer, ich hätte etwas zu verbergen«, sagt er, dabei habe er sich eben bei aller Kritik an ihm und in allen Zeiten immer auf das eine besonnen: »Die Klappe halten und rennen.«

Wie bei allen, die derart überlegen ihre Schritte setzen, fragen die kritischen Geister auch in seinem Fall, ob der menschliche Körper solche Leistungen ohne unerlaubte Hilfsmittel erbringen kann. Sie fragen nach der Anzahl und dem Zeitpunkt der Dopingkontrollen und blicken skeptisch auf die seltenen Auftritte Johnsons bei Sportfesten vor den großen Meisterschaften. Fakt ist: Johnson wurde niemals positiv getestet.

Biomechaniker haben statt dessen per Computer anhand seiner Körpermaße und Daten ausgerechnet, daß Johnson mit seinem langen Oberkörper, seinen im Verhältnis dazu kurzen Beinen und seinem aufrechten Laufstil der perfekte Läufertyp ist. Daran glaubt er selbst übrigens auch – und deswegen sieht er sich noch lange nicht an der Grenze seiner Möglichkeiten. 42 Sekunden über 400 Meter? Johnson: »Ich weigere mich zu glauben, daß das nicht möglich ist.« Und sein Trainer Clyde Hart bestätigt: »Michael kann sehr dickköpfig sein, wenn er sich etwas vorgenommen hat.«

Vorgenommen hat sich Michael Johnson, bei den Olympischen Spielen in Sydney das eigene Double von Atlanta zu wiederholen, als er Gold über 200 und 400 Meter gewonnen hat. Auch für die nächste WM 2001 in Edmonton plant er einen Wiederholungsfall: Wie 1995 in Göteborg über 200, 400 und 4 mal 400 Meter möchte er dort noch einmal drei Titel gewinnen.

Irgendwie pendelt Johnson die Erfolge von gestern immer wieder so aus, daß sich daraus Motivation für die nächsten ergibt – und doch fühlt er sich lange schon an dem Punkt, der nichts mehr zwingend erfordert. »Seit 1996 habe ich es immer so empfunden, daß es kein Unglück gewesen wäre, wenn meine Karriere irgendwann danach geendet hätte. Ich habe mehr aus diesem Sport herausgeholt, als ich jemals geglaubt hatte.« An der Endstation Sehnsucht blüht dennoch immer wieder ein neuer Traum, den er in schlichte Worte faßt: »Ich kann es noch besser.«

Das sagte Michael Johnson auch nach dem Weltrekord in Sevilla. Der Lauf in die Ewigkeit soll noch nicht zu Ende sein.

Weltrekord: Michael Johnson

Michael Johnson (USA), geboren am 11. September 1967 in Dallas.
Maße: 1,85 m, 78 kg.
Größte Erfolge: Olympiasieger 1996 (200 und 400 m), Weltmeister 1997 (400 m), 1995 (200 m, 400 m, Staffel), 1993 (400 m und Staffel), und 1991 (200 m).
Champion-Spruch: »Der Weltrekord hat sich lange angebahnt. Heute Abend war alles perfekt dafür.«

400 m Männer

WR: Harry Reynolds (USA) 43,29 Sek. (1988)

Finale am 26. August 1999

1. Michael Johnson (USA) 43,18 Sek. (WR)
2. Sanderlei Claro Parrela (Brasilien) 44,29 (KR)
3. Alejandro Cardenas (Mexiko) 44,31 (NR)

Männer: 4 x 100 Meter

King Greene: US-Boys in Pose

4 x 100 m Männer

WR: USA 37,40 Sek. (1992)

Finale am 29. August 1999

1. USA 37,59 Sek. (Jon Drummond, Tim Montgomery, Brian Lewis, Maurice Greene)
2. Großbritannien 37,73 (KR) (Jason Gardener, Darren Campbell, Marlon Devonish, Dwain Chambers)
3. Nigeria 37,91 (KR) (Innocent Asonze, Francis Obikwelu, Daniel Effiong, Deji Aliu)

Es konnte den vier US-Boys gar nicht schnell genug gehen: Nach 37,59 Sekunden war der Doppel-Weltmeister über 100 und 200 Meter, Maurice Greene, als Schlußläufer der amerikanischen Sprintstaffel zum dritten Mal bei dieser WM als Sieger im Ziel. Damit war er der erfolgreichste Medaillensammler der Titelkämpfe, und er kokettierte mächtig: »Wer ist der König der WM? Ich weiß es nicht ...« Greene und seine Kumpels Jon Drummond, Tim Montgomery und Brian Lewis rissen sich die Trikots vom Leib und ließen wie Bodybuilder in Pose ihre Muskeln spielen. Apropos Muskeln: Jon Drummond ersetzte in Sevilla den mit einem zu hohen Testosteron-Wert positiv getesteten und gesperrten Dennis Mitchell im siegreichen US-Quartett. Die Schau auf der Bahn war jedenfalls besser als die Pose danach: Die Amerikaner führten das bisher schnellste Staffelfinale aller Weltmeisterschaften an. Großbritannien und Nigeria auf den Medaillenplätzen liefen Europa- (37,73) und Afrika-Rekord (37,91). Sogar die viertplazierten Brasilianer lieferten noch eine neue südamerikanische Bestmarke. Die deutsche Sprintstaffel mit Marc Blume, Christian Schacht, Holger Blume und Michael Huke hatte in der zehntbesten Zeit (38,84 Sekunden) das Finale um knappe acht Hundertstel verpaßt.

US-Dream-Boys: Am Erfolg der amerikanischen Sprintstaffel hatte eigentlich niemand gezweifelt – am wenigsten offensichtlich die vier Muskelmänner selbst (von links nach rechts: Jon Drummond, Tim Montgomery, Brian Lewis, Maurice Greene).

Männer: 4 x 400 Meter

USA wieder das goldene Quartett

Die amerikanische Staffel verteidigte ihren Titel über 4 mal 400 Meter erfolgreich in 2:56,45 Minuten vor den polnischen EM-Zweiten von 1998 und Jamaika, das wie 1997 in Athen Bronze gewann. Michael Johnson verdiente als Schlußläufer des goldenen Quartetts also noch ein Zubrot. Mit 20 000 Dollar Gold-Prämie für den Staffel-Titel erhöhte der Weltrekordler über 400 Meter sein WM-Einkommen auf insgesamt 180 000 Dollar. Jerome Davis hatte den Stab als Startläufer an Antonio Pettigrew übergeben – und ihm folgte mit Angelo Taylor ein Mann auf der Suche nach Wiedergutmachung an sich selbst. Im Vorlauf über 400 Meter Hürden enttäuscht ausgeschieden, freute sich Taylor besonders über den Titel: »Ich war nach den Hürden sehr enttäuscht und bin froh, daß ich mich für die Staffel wieder aufgerappelt habe.«

Das junge DLV-Quartett (Durchschnittsalter 21,5 Jahre), das sich bei den Deutschen Meisterschaften in Erfurt für Sevilla qualifiziert hatte, litt unter dem verletzungsbedingten Ausfall des nationalen Titelträgers Stefan Holz. Maik Liebe, Marco Krause, Ruwen Faller und Thomas Goller schieden als Dritte ihres Vorlaufs in ordentlichen 3:02,68 Minuten aus.

4 x 400 m Männer

WR: USA 2:54,20 Min. (1998)

Finale am 29. August 1999

1. USA 2:56,45 Min.
   (Jerome Davis, Antonio Pettigrew, Angelo Taylor, Michael Johnson)
2. Polen 2:58,91
   (Tomasz Czubak, Robert Mackowiak, Jacek Bocian, Piotr Haczek)
3. Jamaika 2:59,34
   (Michael McDonald, Gregory Haughton, Danny McFarlane, Davian Clarke)

Noch keine Endlauf-Reife: Das junge deutsche Quartett, im Bild der Wechsel von Ruwen Faller auf Thomas Goller, mußte sich nach dem Vorlauf aus dem 400-Meter-Staffel-Wettbewerb verabschieden.

MOROCCO
TDK
967
EVILLA '99
3

Männer: Mittelstrecken Langstrecken

Königlicher Auftritt: Eingehüllt in die marokkanische Landesfahne läßt sich Hicham El Guerrouj vom Publikum feiern. Der amtierende Weltrekordhalter hielt die Konkurrenz aus Spanien und Kenia in einem unglaublich schnellen Rennen über 1500 Meter mit 3:27,65 Minuten in Schach.

Maßarbeit: Der für Dänemark startende Wilson Kipketer (1:43,30 Minuten) freut sich über seine 800-Meter-Goldmedaille, die er sich in einem äußerst knappen Finish mit zwei Hundertstelsekunden Vorsprung vor dem Südafrikaner Hesekiel Sepeng sichern konnte.

872
9
6

Afrika-Meisterschaft: Wieder einmal ist es dem Marokkaner Salah Hissou (12:58,13 Minuten) über die 5000-Meter-Strecke gelungen, die ostafrikanischen Läufer zu bezwingen, denn der zweitplazierte Kenianer Benjamin Limo (links) hatte seinen phantastischen Endspurt etwas zu spät angesetzt. Dritter wurde Hissous ehemaliger Landsmann Mohammed Mourhit (rechts, verdeckt), der nun für Belgien startet.

KENY
TDK
861
ETHIOPIA
TDK
419
SEVILLA '99

Aufgereiht wie an einer Perlenkette folgt das Feld dem beständigsten 10 000-Meter-Mann der 90er Jahre. Der Äthiopier Haile Gebrselassie (27:57,27 Minuten) ließ sich auf keine taktischen Geplänkel ein, kontrollierte das Rennen zu jeder Zeit und verließ sich beim Spurt zur Goldmedaille auf seine außerordentliche Sprintstärke.

Mit Potential: Im Halbfinale über 800 Meter bewies Nils Schumann schon bemerkenswerte Routine, als er das Tempo geschickt verzögerte und sich im Endspurt auf den zweiten Platz schob. Das Finale war jedoch eine Spur zu schnell für den 22jährigen.

Männer: 800 Meter

Kipketer: Der Titel war einen Sturz wert

Wilson Kipketer weiß, wie man die schönen Augenblicke im Leben genießt. Der alte und neue Weltmeister schwang die dänische Fahne um seine schwarzen Schultern, spazierte gemütlich die Ehrenrunde ab und grinste so spitzbübisch und erleichtert wie ein Pennäler, der gerade ein Zeugnis mit Bestnoten erhalten hat. Mit dem hauchdünnen Vorsprung von zwei Hundertstelsekunden rettete der gebürtige Kenianer, der seit neun Jahren in Dänemark zu Hause ist, einen auf den letzten Metern dahinschmelzenden Vorsprung mit einem Sturz nach vorn ins Ziel. Um Haaresbreite hätte ihm Hezekiel Sepeng die Schau gestohlen. »Ich wollte so lange wie möglich an Kipketer dranbleiben – und hoffte, ihn unter diesem Druck in Schwierigkeiten zu bringen.« Fast hätte die Taktik funktioniert. Kipketer: »Erst auf der Videowand sah ich, daß ich gewonnen hatte.« Der olympische Silbermedaillen-Gewinner von Atlanta 1996 blieb in 1:43,32 Minuten knapp hinter Kipketer (1:43,30) und deutlich vor einem Jungspund aus Algerien: Djabir Said-Guerni gewann in 1:44,18 Minuten und neuem Landesrekord Bronze. Der 22jährige: »Ich sah Kipketer bei der WM 1997 in Athen und habe dann beschlossen, daß ich eines Tages so laufen möchte wie er.« Und wo war Nils Schumann? Ein Augenzwinkern des Schicksals wird es wohl gewesen sein. Der Europameister landete in Sevilla genau auf dem Platz, auf dem er als unerschrockener Himmelsstürmer 1998 bei seinem großen Überraschungssieg in Budapest Kipketer gedemütigt zurückgelassen hatte: als Letzter in 1:46,79 Minuten auf Rang acht. Schnell lief der Thüringer mit dem blonden, fliegenden Haupthaar an. Zu schnell freilich, um dem alten Fuchs Kipketer und seinem

800 m Männer

WR: Wilson Kipketer (Dänemark) 1:41,11 Min. (1997)

Finale am 29. August 1999

1. Wilson Kipketer (Dänemark) 1:43,30 Min.
2. Hezekiel Sepeng (Südafrika) 1:43,32
3. Djabir Said-Guerni (Algerien) 1:44,18 (NR)

Mit Sicherheit: Wilson Kipketer
Wilson Kipketer (Dänemark), geboren am 12. Dezember 1970 in Kenia.
Maße: 1,72 m, 62 kg.
Größte Erfolge: Weltmeister 1995 und 1997, Hallen-Weltmeister 1999.
Champion-Spruch: »Ich war sicher, daß ich Sepeng noch kriege. Ich wußte bloß nicht, ob es noch vor der Ziellinie reichen würde.«

Gefolge im Endspurt eines der schnellsten 800-Meter-Finals der WM-Geschichte noch folgen zu können. Es gab wieder Gerangel und Rempeleien unterwegs – aber diesmal schlossen die Vorderen konsequent die Lücken und ließen Schumann nicht wie bei der EM in Budapest Platz, um mit Hilfe von rudernden Ellbogen durchzuschlüpfen. Aber Hand aufs Herz: Er hätte es selbst bei der höflichsten Einladung für den Durchmarsch diesmal nicht geschafft. »Es war ein versautes Rennen«, gab Schumann hinterher enttäuscht zu und bekannte völlig erschöpft: »Wenn man spürt, daß es nicht mehr läuft, dann kann man auch nicht mehr das Letzte aus sich herausholen.« Zerknirscht sandte er Grüße an seine Fans: »Ich kann mich nur entschuldigen und werde versuchen, es beim nächsten Mal besser zu machen.«

Erwartungsdruck gestiegen

Er hat noch genügend Zeit dafür: Auf dem Weg ins Finale hatte Nils Schumann einen sehr guten Eindruck hinterlassen. Er ist erst 22 Jahre alt und spürte in Sevilla zum ersten Mal, wie sehr der Druck bremst, der auf Gejagten lastet. »Die Anspannung war groß, daran muß ich mich wohl erst gewöhnen«, erkannte er ganz richtig. Die eigenen und die Erwartungen der anderen nagten doch am Gemüt: »Meine Unbekümmertheit hat mir im letzten Jahr viele Vorteile gebracht. Wenn ich jetzt an der Startlinie stehe, erwartet jeder von mir, daß ich Erster werde.«
Gegen einen Wilson Kipketer in so blendender Form darf das freilich niemand erwarten. Der Weltrekordler, der nach einem verkorksten Jahr 1998 mit lebensgefährlicher Malaria-Erkrankung und folgender Lungenentzündung in Sevilla ein bravouröses und verdientes Comeback feierte, bewies schon kurz nach dem Wimpernschlag-Finale Humor: »Man konnte das im Fernsehen vielleicht nicht so genau sehen, aber ich wußte, daß ich Sepeng kriegen würde. Das einzige Problem war: Ich wußte nicht, ob es noch vor der Ziellinie reicht ...«

Zur Ehrenrettung von Schumanns Mannschaftskollegen Nico Motchebon muß man einen Blick auf die Zeiten werfen: Der Hallen-Weltmeisterschafts-Dritte war im Halbfinale als Letzter mit einer schnelleren Zeit (1:47,17) ausgeschieden als jene 1:47,74 Minuten, die Japheth Kimutai im dritten von drei Halbfinalläufen gebraucht hatte, um zu gewinnen.

Männer: 1500 Meter

Der König der Könige: Hicham El Guerrouj

So lieben es die Fotografen, die die flüchtigen Momente des Sports für die Ewigkeit festhalten wollen: Hicham El Guerrouj warf sich die marokkanische Landesfahne wie eine Königsrobe um die Schultern und posierte mit zwei zum Siegeszeichen gespreizten Fingern als strahlender Held neben der Anzeigetafel, auf der seine Siegerzeit stand: 3:27,65 Minuten lang war der 24jährige unterwegs, um sich auf der 1500-Meter-Strecke nach der WM in Athen einen weiteren Adelstitel zu sichern.
Der Titelverteidiger hatte allen Grund, stolz darauf zu sein: El Guerrouj dominierte und kontrollierte das Rennen vom ersten bis zum letzten Meter, obwohl er starke Konkurrenz hatte. Noah Ngeny gewann Silber mit kenianischem Landesrekord. Aber der elegante El Guerrouj gab dem Lauf die Taktik und das Tempo – und er hatte einen Lakaien, der sich wie ein Diener dem Herrn opferte: Sein Landsmann Adil Kaouch spielte den Schrittmacher im exakten Zeitplan, bis der Meister die Führung übernahm. Und dann diese letzte Runde: Der Spanier Reyes Estevez, von den einheimischen Fans im an diesem Tag erstmals fast ausverkauften Stadion angefeuert wie ein Stierkämpfer in der Arena, heftete sich an die Fersen von El Guerrouj, der 20jährige Kenianer Noah Ngeny konterte aber und schob sich mit jugendlicher Schubkraft vor Estevez. Aber schon in der letzten Kurve gab es keine Zweifel mehr: Der Weltrekordhalter und Weltmeister von 1997 verteidigte seinen Thron souverän und mit gebührendem Abstand zum Fußvolk. »Ich hatte nichts mehr zuzulegen«, sagte Ngeny, wurde in 3:28,73 Minuten Zweiter und kün-

Jahrhundert-Rennen: Hicham El Guerrouj
Hicham El Guerrouj (Marokko), geboren am 14. September 1974 in Berkane.
Maße: 1,76 m, 58 kg.
Größte Erfolge: Weltmeister 1997, Vize-Weltmeister 1995, Hallen-Weltmeister 1995 und 1997.
Champion-Spruch: »Ich bin wirklich glücklich, weil ich glaube, daß das heute eines der besten Rennen des Jahrhunderts war.«

Spanische Hoffnungen: Jubel brandete durch das Stadion in Sevilla, als sich Reyes Esteves (Nr. 365) im 1500-Meter-Lauf an die Fersen von Hicham El Guerrouj heftete. Am Ende blieb dem Spanier immerhin die Bronzemedaille, vor seinen Landsleuten Fermin Cacho und Andres Diaz.

digte dem Sieger eine spannende Zukunft an: »Dieses Jahr ist das von El Guerrouj, er ist ein wundervoller Läufer. Aber das nächste Jahr wird meines sein.« Die Spanier feierten temperamentvoll den Bronzemedaillengewinner Estevez (3:30,57), der seinem Landsmann Fermin Cacho den undankbaren vierten Platz überließ.

Unterwegs aber war ein Großer auf der Strecke geblieben: Der ehemalige 1500-Meter-Weltrekordler, dreimalige Weltmeister und Olympiasieger Noureddine Morceli (Algerien) stieg vorzeitig und unbeobachtet aus. Eine große Ära ist leise zu Ende gegangen. Adil Kaouch, den keiner kannte und noch immer keiner kennt, kam als Letzter ins Ziel. Aber der alte und neue Weltmeister wußte, was er dem Kollegen zu verdanken hatte und nahm ihn in den Arm und mit auf die Ehrenrunde.

Später schickte er »Küsse an meine Familie und an alle Menschen, die heute Abend in Marokko vor dem Fernseher zugeschaut haben.« Und er bestellte bei seiner Mutter für die Heimkehr vorsorglich eine riesige Platte Couscous. »Couscous ist mein Leibgericht – und meine Kraftnahrung. Ich esse viel davon.« Die helle Freude und die absolute Gelöstheit strahlte aus seinem Gesicht, als er sagte: »Ich bin so glücklich, weil ich wirklich glaube, daß das eines der besten Rennen des Jahrhunderts war.«

Und El Guerrouj war der Hauptdarsteller. Der Marokkaner hat die Weltrekorde über 1500 Meter (3:26,00 Minuten) und die Meile (3:43,13) auf seiner Bestenliste – und denkt dennoch, daß ihm noch einiges fehlt, bis er die Stufe beispielsweise des Mannes erreicht hat, der ihm jetzt nicht mehr hinterherkommt. El Guerrouj: »Ein Athlet ist erst dann wirklich ein Großer, wenn es ihm gelingt, über viele Jahre hinweg konstant an der Weltspitze zu bleiben. Das will ich schaffen.« Das hat Morceli einst geschafft.

Mittelstreckler trommeln nicht wie die Sprinter mit Worten, sondern setzen Sätze wie ihre Schritte: bewußt, kontrolliert, konzentriert und mit kluger Einteilung der Kräfte. El Guerrouj sagt: »Ich habe es nicht nötig, meine Gegner mit großen Sprüchen einzuschüchtern.«

1500 m Männer

WR: Hicham El Guerrouj (Marokko) 3:26,00 Min. (1998)

Finale am 24. August 1999

1. Hicham El Guerrouj (Marokko) 3:27,65 Min.
2. Noah Ngeny (Kenia) 3:28,73 (NR)
3. Reyes Estevez (Spanien) 3:30,57 (PB)

Männer: 5000 Meter

Hissou: Ein Sieg über Kenia

Einige Augenblicke lang fühlte man sich an Dieter Baumann erinnert. Nicht wegen Salah Hissou, der seiner Favoritenrolle gerecht wurde und die 5000 Meter souverän gewann. Nein, es war der junge Kenianer Benjamin Limo, der auf den letzten 200 Metern zu einer schier aussichtslosen Aufholjagd vom vierten Platz aus ansetzte und die Zielgerade hinunterstürmte wie die Deutschen es bei Schwabenpfeil Baumann immer so gerne sehen. Der Olympiasieger von 1992 verzichtete auf den WM-Start, nachdem latente Achillessehnen-Beschwerden ihn in der Vorbereitung zuviel Trainingszeit gekostet hatten. Baumann (34) wollte kein Risiko eingehen – und bereitet sich lieber konsequent auf sein großes Ziel Sydney 2000 vor. Aber zurück zu Limo: Der 18jährige faßte sich ein Herz nach einem kurzen Blick zurück über die Schulter und mit der Erkenntnis, daß sein Landsmann und Titelverteidiger Daniel Komen nichts mehr zuzulegen hatte. Limo rannte an Brahim Lahlafi und Mohammed Mourhit vorbei und sicherte sich mit acht Hundertstelsekunden Vorsprung vor dem belgischen Neubürger Mourhit die Silbermedaille. Der neue Weltmeister Salah Hissou (27) hatte sich drei Runden vor Schluß an die Spitze des Feldes gesetzt und sah schon unterwegs mit Vorfreude der Siegerehrung entgegen: »Ich war sicher, daß ich gewinnen würde.« Zu Siegen bedeutete für ihn vor allem einen Erfolg über die ostafrikanische Läuferschar, die so lange Jahre immer wieder neue Wunderläufer auf Kurs brachte. Hissou: »Ich hoffte, die Kenianer zu schlagen.« Limo hatte seine Mutprobe für den Endspurt zu spät begonnen, um Hissou noch einholen zu können. Und Mourhit, der Bronzemedaillengewinner, ist von Haus aus ein Landsmann des Titelgewinners: Der 28jährige hat aber eine Belgierin geheiratet und ist seit 1997 als Hoffnungsträger für seine Wahlheimat auf den Laufbahnen unterwegs. Aber so ganz wollte Mourhit die Wurzeln nicht verleugnen: »Die Medaille ist für Belgien, aber ich habe immer noch ein bißchen Marokko in meinem Herzen.«

5000 m Männer

WR: Haile Gebrselassie (Äthiopien) 12:39,36 Min. (1998)

Finale am 28. August 1999

1. Salah Hissou (Marokko) 12:58,13 Min.
2. Benjamin Limo (Kenia) 12:58,72
3. Mohammed Mourhit (Belgien) 12:58,80

Siegessicher: Salah Hissou

Salah Hissou (Marokko), geboren am 16. Januar 1972 in Kasba Tadla.
Maße: 1,76 m, 62 kg.
Größte Erfolge: Olympia-Dritter 1996 über 10 000 Meter, WM-Dritter 1997 über 10 000 m.
Champion-Spruch: »Ich hatte nicht die geringste Sorge, im Endspurt nicht stark genug für den Sieg sein zu können.«

Männer: 10 000 Meter

Gebrselassie: Auf blutenden Füßen zum Titel

Haile Gebrselassie hockte auf dem Podium im Pressekonferenz-Raum und kühlte seine Wunden mit Eisbeuteln und Wasser. »Schaut her: Meine Füße bluten. Es ist immer das gleiche mit diesen harten Belägen.« Die Beine schmerzten, aber das Gesicht lächelte wie gewohnt. Der äthiopische Wunderläufer gewann in 27:57,27 Minuten Gold über 10 000 Meter, hielt sich aber nicht lange bei dem Gedanken auf und wäre am liebsten sofort nach Sydney gerannt: »Stimmt. Natürlich ist es etwas Besonderes, nun vier Weltmeistertitel gewonnen zu haben. Aber jetzt muß ich an die Olympischen Spiele denken und danach an meinen Wechsel zum Marathon.«
Es kann ihm offenbar nicht schnell genug damit gehen, die Zukunft einzuholen. Aber womöglich wird ihm die Freude an der überwältigenden Dominanz auf der Langstrecke

Geteilte Freude: Lange hatte Assefa Mezgebu (links) im 10 000-Meter-Finale mitgeholfen, den späteren Sieger Haile Gebrselassie vor den taktischen Winkelzügen der kenianischen Rivalen abzuschirmen. Belohnt hat er sich schließlich selbst mit der Bronzemedaille.

10 000 m Männer

WR: Haile Gebrselassie (Äthiopien) 26:22,75 Min. (1998)

Finale am 24. August 1999

1. Haile Gebrselassie (Äthiopien) 27:57,27 Min.
2. Paul Tergat (Kenia) 27:58,56
3. Assefa Mezgebu (Äthiopien) 27:59,15

der Laufbahn mitunter selbst schon zu langweilig. Freundlich lächelnd sagte er: »Ich wußte, daß sie alle nichts gegen mich unternehmen konnten. Ich reagiere im Rennen immer auf die Taktik der anderen. Wenn sie davonlaufen, hole ich sie ein. Die Kraft zu Kontern habe ich immer.«
Der zweitplazierte Kenianer Paul Tergat haderte ein wenig mit sich: »Ich hätte vielleicht vier Runden vor Schluß die Initiative ergreifen sollen, aber selbst für einen Kenianer war es heute sehr heiß.« Sie bauen alle auf die Zukunft – wie Bronze-Gewinner Assefa Mezgebu. Der Äthiopier: »Es inspiriert mich, mit Haile zu laufen. Aber auch der Größte wird eines Tages besiegt werden.«

Auf dem Boden geblieben

Bein- und Kopfarbeit: Haile Gebrselassie
Haile Gebrselassie (Äthiopien), geboren am 18. April 1973 in Arssi.
Maße: 1,64 m, 53 kg.
Größte Erfolge: Olympiasieger 1996, Weltmeister 1993, 1995 und 1997.
Champion-Spruch: »Ich erhole mich und lasse meinen Kopf und meine Beine ihre Arbeit tun.«

Haile Gebrselassie ist der Größte auf der Langstrecke. Ein Name als Qualitätszeichen: Weltrekordler über 5000 (12:39,36 Minuten) und 10 000 Meter (26:22,75), Olympiasieger und nun viermal Weltmeister über 10 000 Meter. Ein Star? Ja – auf der Bahn. Außerhalb halten die Wurzeln im Armenhaus Äthiopiens ihn auf dem Boden. Daheim wußten die Freunde und die Familie lange nichts mit seinen Erfolgen anzufangen. Sie fragten: »Was ist das, ein Weltrekord, den Haile in Europa gelaufen ist?« Zu glauben, die Schlichtheit seines Auftretens habe etwas mit der Schlichtheit seines Gemüts zu tun, ist falsch. Gebrselassie baut in Addis Abeba ein großes Geschäftshaus mit Läden, Büros und Supermarkt. Er ist ein vorausschauender Geschäftsmann und Läufer. »Eines Tages«, sagt er, »wird ein anderer Besseres leisten als ich.« Und es klingt so, als denke er, daß das kein Beinbruch ist. Alles hat seine Zeit. Gebrselassie auch. Und er nutzt sie. Auch, wenn er dafür Widerstand gegen seinen Verband in seiner geliebten Heimat leisten muß. Als sie ihm vorschreiben wollten, daß er vor der WM keine Meetings mehr laufen dürfe, lief er einfach weiter, weil ihm das Verbot sinnlos und sogar kontraproduktiv schien. Haile Gebrselassie lächelt immer sanft und zürnt nicht den Göttern und nicht den Großschwätzern. Vielleicht bemitleidet er sie. Und vielleicht macht die lange Strecke, die er zu bewältigen hat, demütiger und freier. Er sagt: »Wenn ich hinausgehe zum Training und lange Strecken laufe, dann ist das, als ob ich meinen Ideen freien Lauf ließe.«

Männer: Marathon

Abel Anton und die unbekannten Helden-Geschichten

Der Spanier Abel Anton bescherte seinen begeisterten Landsleuten die ersehnte Goldmedaille und sich selbst den bewegendsten Moment seines Lebens. Aber der Marathon schreibt nicht nur die Geschichte der Sieger.

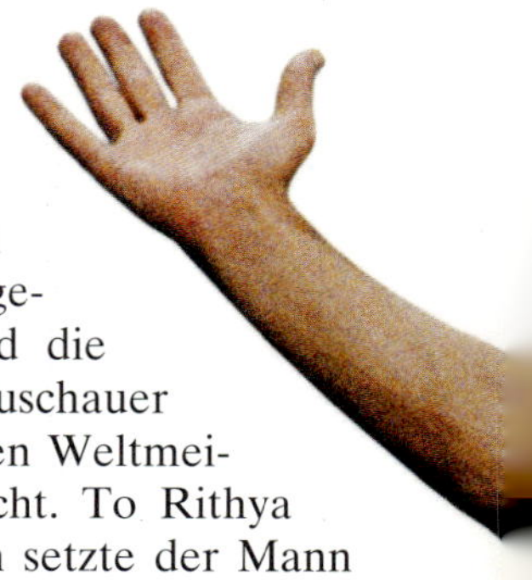

Es war dunkel in Sevilla. Wie Sturmböen rauschten die Jubelgesänge, der Beifall und die Olé-Rufe der 60 000 Zuschauer für den alten und neuen Weltmeister hinaus in die Nacht. To Rithya hörte sie nicht. Stoisch setzte der Mann aus Kambodscha Schritt für Schritt im gleißenden Scheinwerferlicht der Fernsehkamera, die ihn auf dem Motorrad verfolgte und gnadenlos ins Visier nahm. »Ankommen, ankommen, ankommen«. Er hämmerte sich die Worte im Rhythmus des Laufs ins Hirn. Er kam an. Aber nicht dort, wo er hinwollte. Das Stadiontor war schon geschlossen. Rithya mußte vor dem Tunnel zum Marathon-Tor in Richtung Expo-Gelände abbiegen und dort über eine provisorische Ziellinie laufen. Denn in der Arena war für die Nachzügler kein Platz mehr. Die 5000-Meter-Läufer waren schon unterwegs, und die Staffeln warteten auf ihre Vorläufe. Den Letzten leiteten sie um: 2 Stunden, 59 Minuten und 20 Sekunden auf dem Weg ins Leere. Die Helfer, Zeitnehmer und ein paar geduldige Schaulustige empfingen den 31jährigen Kambodschaner. Sie legten ihm fürsorglich ein feuchtes Tuch um die Schultern, gaben ihm Wasser, fragten ihn, ob er ärztliche Hilfe brauche und wußten nicht, daß er etwas zu feiern hatte: In Atlanta bei den Olympi-

schen Spielen war er 105. geworden. In Sevilla war's Rang 65. Er hätte die letzte Runde im Stadion verdient gehabt. Dort, wo die Zuschauer auch die Geschlagenen willkommen heißen und feiern, weil der Marathon auch die Leidenden groß macht.
Der Marathon braucht die Leidenden auch. Denn sie machen den Lauf der Besten zum wahren Triumphzug. Mit stehenden Ovationen verabschiedeten die Zuschauer im Stadion die Läufer, die sich nach dem Start wie ein summender Bienenschwarm noch munter auf den Weg machten. Zigtausende säumten am frühen Abend die Strecke rund um die historische Altstadt Sevillas, um ihre Matadore Abel Anton und Martin Fiz anzufeuern wie die Toreros in der Mastreanza von Sevilla. Sie suchten zusammengepfercht unter Straßenbrücken, Bäumen, Regenschirmen und provisorischen Zeltplanen Schutz und Schatten vor der sengenden Sonne. Aber die Temperaturen waren viel gnädiger als befürchtet. 27 Grad im Schatten bei 51 Prozent Luftfeuchtigkeit bescherten den Heroen

Marathon Männer

WR: Ronaldo da Costa (Brasilien) 2:06:05 Std. (1998)

Finale am 28. August 1999

1. Abel Anton (Spanien) 2:13:36 Std.
2. Vincenzo Modica (Italien) 2:14:03
3. Nobuyuki Sato (Japan) 2:14:07

der Landstraße im Vergleich zu vorhergesagten 40 Grad überraschend Erleichterung. Und so war es nur der ganz normale Wahnsinn. 300 Ärzte und Sanitäter standen bereit, um unterwegs erste Hilfe zu leisten. Im Olympiastadion warteten die Helfer mit fahrbaren Tragen. Humpelnd, joggend und stolpernd mit Gesichtern, die auf 42,195 Kilometern um Jahre gealtert schienen, rettete der aufmunternde Applaus die Gestrauchelten und Geschlagenen auf den letzten Metern – und doch hoben viele von ihnen nach dem kurzen Blick auf die eigene Stoppuhr noch die Arme zum Zeichen des persönlichen Sieges über die Zeit und den Weg, ehe sie zusammensanken.
Anton Abel hatte da schon die Ehrenrunde hinter sich – und dort, wo die Athleten gewöhnlich für die Journalisten ihre ersten, kurzatmigen Kommentare abgeben, wartete auf den Weltmeister ein prominenter Fan: Spaniens Premierminister Jose Maria Aznar gratulierte dem 36jährigen persönlich zur Titelverteidigung. Nach 2:13:36 Stunden war Abel vor dem Italiener Vicenzo Modica und dem Japaner Nobuyuki Sato ins Ziel gekommen. Auf der riesigen Video-Wand hatten die Zuschauer im Stadion das Geschehen auf der Strecke Meter für Meter verfolgt. Nach 30 Kilometern war er noch Siebter. Sieben Kilometer danach holte er den bis dahin führenden Japaner ein. Nobuyuki Sato war ein glänzendes, angriffslustiges Rennen gelaufen – aber in diesem Moment spürte er die übermächtige Kraft des Verfolgers: »Als Abel mich überholte, sah er so gut und stark aus. Ich konnte ihn nicht mehr angreifen.« Vincenzo Modica folgte ihm – aber an der Versorgungsstelle trennten sich ihre Wege: »Anton holte sich nichts, ich brauchte Wasser – die paar Meter,

Sevilla im Freudentaumel: Nach über 40 Kilometern tauchte der spanische Marathonläufer Abel Anton als erster wieder im Stadion auf und wurde vom ohrenbetäubenden Jubel einer begeisterten Menge bis zur Ziellinie begleitet.

Glücksgefühle: Abel Anton

Abel Anton (Spanien), geboren am 24. Oktober 1962 in Sorja.
Maße: 1,79 m, 61 kg.
Größte Erfolge: Weltmeister 1997, Olympia-Achter 1992 über 5000 m, Europameister 1994 über 10 000 m, Sieger der Marathonläufe von Berlin 1996 und London 1998.
Champion-Spruch: »Es war ein großartiges Gefühl, in meiner Heimat als Erster vor dieser wundervollen Kulisse ins Stadion zu laufen.«

die mich das kostete, konnte ich nicht mehr aufholen.«

Der Spanier hatte auch Durst, aber der Hunger nach dem Sieg war größer. »Es ist ein unbeschreibliches Gefühl, in der eigenen Heimat vor so vielen Landsleuten, die mich so großartig anfeuerten, als Erster ins Stadion einzulaufen und zu gewinnen.« Noch weiß man nicht, was sich die Stadtverwaltung daheim in Soria im Norden des Landes diesmal einfallen läßt, um ihn standesgemäß zu würdigen. Eine Straße jedenfalls ist schon nach ihm benannt.

Die Spuren, die die Mitläufer hinterlassen, überschwemmt die Flutwelle der Begeisterung für die Sieger schneller. Und so werden die kleinen Dramen und die großen Gefühle der vielen unbekannten Helden wieder nur flüchtige Anekdoten bleiben. Wer erinnert sich nächstes Jahr in Sydney noch an Manukau Teruibaki? Der 29jährige kam von seinem 780 Quadratkilometer kleinen Eiland mit 85 000 Einwohnern namens Kiribaki. »Debüt« stand hinter seinem Namen in der Startliste, und seine Prominenz erschöpfte sich in der Fußnote, daß Kiribaki das jüngste Mitgliedsland im Internationalen Leichtathletik-Verband ist. Er war bei Kilometer fünf als Letzter notiert und gab danach als erster auf.

Oder wer weiß schon, warum Lwan Thu als 58. im Ziel seine eigene kleine Party feierte. Der Malaie hatte drei Kilometer nach dem Start auf dem heißen Asphalt die Schuhe von den Füßen geschleudert und sich auf nackten, brennenden Sohlen barfuß auf den Rest des Weges gemacht.

Schmerzende Muskeln, erschöpfte Gemüter, flammende Herzen – und 60000 Dollar für Goldjunge Anton. Erbarmungslos spielten die Marathon-Männer alle Laster und Leidenschaften der Leichtathletik aus. Aber sie tun es freiwillig. Und sie müssen es lieben. Sonst würden sie es – freiwillig – nicht tun.

Männer: 20 km Gehen

Eine Goldstück für Frau Markow

Die allererste Goldmedaille der VII. Leichtathletik-Weltmeisterschaften ging an Ilja Markow. Der Europameister gewann im Auftakt-Wettbewerb der Titelkämpfe über 20 Kilometer Gehen in 1:23:34 Stunden vor dem Olympiasieger Jefferson Perez (Ecuador) und dem mexikanischen Titelverteidiger Daniel Garcia. Der Sieger griff als erstes zum mobilen Telefon und gratulierte am Tag seines Triumphs seiner Frau daheim – zum Geburtstag, nicht ohne der interessierten Öffentlichkeit gleich deren Reaktion preiszugeben: »Ich kann sie vor Freude weinen hören.« Heulen könnte auch Perez – allerdings vor Wut und Enttäuschung über seinen Heimatverband. Weil er in Ecuador trotz seiner großen Erfolge keine Unterstützung bekomme, will der 27jährige sogar einen Olympia-Verzicht in Sydney erwägen. »Ich habe in Ecuador keinen Trainer, keinen Arzt, gar nichts.« Seit Anfang 1999 lebt er deswegen in den USA. Genau umgekehrt entschied sich Daniel Garcia nach dem Gewinn der Bronzemedaille: »Jetzt weiß ich, daß ich bis zu den Olympischen Spielen in Sydney weitermachen werde.«

Geburtstags-geschenk: Ilja Markow

Ilja Markow (Rußland), geboren am 19. Juni 1972 in Asbest.
Maße: 1,76 m, 64 kg.
Größte Erfolge: Europameister 1998, Olympia-Zweiter 1996.
Champion-Spruch: »Heute ist ein sehr besonderer Tag für mich – ich habe den Titel – und meine Frau hat Geburtstag.«

20 km Gehen Männer

WR: Bernardo Segura (Mexiko) 1:17:25 Std. (1994)

Finale am 21. August 1999

1. Ilja Markow (Rußland) 1:23:34 Std.
2. Jefferson Perez (Ecuador) 1:24:19
3. Daniel Garcia (Mexiko) 1:24:31

Männer: 50 km Gehen

Ihly nimmt Kurs auf Sydney

In der Hitze Sevillas nahm der Offenburger Robert Ihly Kurs auf Sydney 2000, seine dritte Olympiateilnahme nach Barcelona und Atlanta. Über 50 Kilometer Gehen belegte der 36jährige Bauingenieur, der übrigens als einziger Athlet der deutschen Mannschaft vollbeschäftigt arbeitet, einen ausgezeichneten sechsten WM-Platz. »Ich muß zweigleisig fahren, denn mit Gehen verdient man in Deutschland leider kein Geld«, sagt Ihly, der in Asbest in der ehemaligen Sowjetunion geboren ist und 1989 nach Deutschland kam.
Die Olympischen Spiele in Australien sind das große Ziel des Athleten, der inzwischen die 50-km-Strecke der kurzen Geher-Distanz vorzieht. Je oller, je doller: »Ich werde auch nicht jünger – und über 50 Kilometer kann ich mich eher verbessern als über die kürzere Strecke.« Ein junger Vater ist Robert Ihly dennoch: Sohnemann Michael war gerade vier Wochen vor der Weltmeisterschaft zur Welt gekommen. Ihly ist übrigens auch erst im reifen Alter von 24 Jahren vom Laufen aufs Gehen umgestiegen – lieber Weltklasse Schritt für Schritt als Mittelmaß im Trab.
Weltmeister wurde der 36jährige Russe German Skurygin, der sich – sportlich ganz oben – nun auf neue Herausforderungen freut: »Ich habe mich so lange ausschließlich auf das Gehen konzentriert, um solch einen großen Erfolg zu feiern. Jetzt kann ich mich ein bißchen mehr um den Rest meines Lebens kümmern, eine richtige Familie gründen – und vielleicht Kinder haben.« Also diesbezüglich ist Ihly dem Weltmeister klar voraus.

50 km Gehen Männer

WR: Andrej Perlow (UdSSR) 3:27:41 Std. (1989)

Finale am 25. August 1999

1. German Skurygin (Rußland) 3:44:23 Std.
2. Ivano Brugnetti (Italien) 3:47:54 (PB)
3. Nikolai Matjuchin (Russland) 3:48:18

Alles gegeben: German Skurygin

German Skurygin (Rußland), geboren am 15. September 1963 in Eizeofsk. Maße: 1,68 m, 63 kg. Champion-Spruch: »In meinem Alter kann jede Meisterschaft die letzte sein. Deswegen habe ich alles gegeben.«

Ausgepowert: Die 50 Kilometer in der spanischen Gluthitze hatten dem deutschen Geher Robert Ihly alles abverlangt, aber der starke sechste Platz konnte den 36jährigen in seiner Absicht bekräftigen, bei den Olympischen Spielen in Sydney noch einmal anzugreifen.

Männer: Hürden-/ Hindernisläufe

Ziel erreicht: Zusammen mit Routinier Florian Schwarthoff konnte sich der 25jährige Falk Balzer (Szene aus dem Vorlauf, rechts der Holländer Robin Korving) bei seiner ersten WM-Teilnahme auf Anhieb für das Finale über 110 Meter Hürden qualifizieren.

Zwischen Baum und Borke: Insgeheim hatten die DLV-Hürdensprinter vielleicht doch auf die Medaillenränge geschielt, aber mit den Plätzen fünf (Falk Balzer; 13,26 Sekunden) und sieben (Florian Schwarthoff; 13,39) konnten sie angesichts der starken Konkurrenz durchaus zufrieden sein.

Männer: 110 Meter Hürden

Jackson: Torero und kein Stier

Wenn Colin Jackson die Unberechenbarkeit eines Hürdensprints beschreibt, hört sich das an wie ein Mathematiker, der über Lösungen von Unbekannten in komplizierten Formeln sinnt. In Sevilla ist seine Gleichung optimal aufgegangen: Sechs Jahre nach seinem siegreichen Weltrekordlauf in Stuttgart (mit 12,91 Sekunden hat er immer noch Gültigkeit) gewann der 32jährige Brite sein zweites WM-Gold und fühlte sich »einfach herrlich«. Nur drei Hundertstel hinter ihm stürzte der Kubaner Anier Garcia ins Ziel. Der Amerikaner Duane Ross gewann Bronze und fühlte sich »schrecklich«. Der Grund: »Ich war zu nachlässig und habe zu viele Hürden touchiert.« Einmal aus dem Rhythmus, kostet das in der Summe jede Menge Zeit. Jackson: »Es ist halt schwierig, immer schneller zu rennen, wenn Hindernisse dazwischen stehen«. Eine Weisheit, die bei manch einem ein Schmunzeln auslösen mag. Aber sie ist die blanke Wahrheit. Denn wer Hürden technisch sauber und pfeilschnell nehmen will, braucht nicht nur flotte Beine, sondern auch Köpfchen. Jackson: »Wie ein Stier irgendwie über die zehn Hürden zu kommen, das ist es nicht.« Dann schon lieber Torero ...

Jacksons Wissen enthält jede Menge Lehrstoff auch für die deutschen Hürdensprinter Falk Balzer und Florian Schwarthoff, die im Finale die Plätze fünf und sieben belegten. WM-Debütant Balzer (25), Sohn der Hürden-Olympiasiegerin Karin Balzer (1960 in Rom), stürmte nach dem Motto los: »Koste es, was es wolle.« Es kostete ein paar Tritte gegen die Hürden und damit Zeit. Enttäuscht war der Jenaer nicht: »Schon das Finale erreicht zu haben, ist ein Erfolg.« Der Rücken und der Darm hatten ihm in der WM-Vorbereitung manch schmerzhafte Stunde bereitet. Schwarthoff, Bronzegewinner in Atlanta und bei der WM in Athen '97 Vierter, litt unter der sengenden Hitze und gestand freimütig: »Ich war platt.« Dem Ludwigshafener, der den Sport zugunsten seines Studienabschlusses in Architektur letztes Jahr einige Zeit zurückgestellt hatte, ging im Endlauf die Kraft aus. Konstanz freilich beweist der 31jährige seit Jahren: Sevilla war seit 1991 sein viertes WM-Finale.

Zwei große Favoriten indes haben den Endlauf in Andalusien verpaßt: Der Weltjahresbeste Mark Crear (USA) war nach zwei Fehlstarts im Viertelfinale disqualifiziert worden. Titelverteidiger Allen Johnson (USA) mußte wegen einer Wadenzerrung auf das Halbfinale verzichten.

110 m Hürden Männer

WR: Colin Jackson (Großbritannien) 12,91 Sek. (1993)

Finale am 25. August 1999

1. Colin Jackson (Großbritannien) 13,04 Sek.
2. Anier Garcia (Kuba) 13,07 (NR)
3. Duane Ross (USA) 13,12 (PB)

Kühl in der Hitze: Colin Jackson

Colin Jackson (Großbritannien), geboren am 18. Februar 1967 in Cardiff.
Maße: 1,82 m, 73 kg.
Größte Erfolge: Weltmeister 1993, Vize-Weltmeister 1997, Olympia-Zweiter 1988, Europameister 1990, 1994 und 1998.
Champion-Spruch: »Es war ein dramatisches Rennen für mich, aber ich wußte, daß ich fit war für einen guten Start und daß ich gelassen sein konnte.«

Männer: 400 Meter Hürden

Schelbert staunte: »Ich bin Dritter?«

Alle wunderten sich über den neuen Weltmeister, nur der neue Weltmeister wunderte sich nicht: »Es kümmerte mich nicht, wie die anderen gestartet waren. Auch wenn sie schneller waren als ich: Ich wußte, daß ich sie einfangen würde«, erklärte Fabrizio Mori als glücklicher Goldmedaillen-Gewinner über 400 Meter Hürden. So viel Selbstbewußtsein muß Flügel verleihen: Der 30jährige Italiener beschleunigte aus der letzten Kurve heraus wie ein Flugzeug auf der Startbahn: »Als ich die Zielgerade erreicht hatte, spürte ich, wie meine Beine schneller und schneller wurden.« Obwohl Mori 1997 bei den Weltmeisterschaften in Athen Vierter war und 1998 bei den Europameisterschaften in Budapest Bronze gewonnen hatte, wurde er als Überraschungssieger gefeiert. Hinter ihm entschied sich die Medaillenvergabe binnen einer Hundertstelsekunde: Titelverteidiger Stéphane Diagana (Frankreich) bekam Silber. Der Schweizer Marcel Schelbert wurde auf die Hundertstelsekunde genau zeitgleich mit Araujo Eronilde de Nunes gemessen – und die Jury entschied nach Auswertung der Tausendstel zugunsten von Schelbert. Der Schweizer war ziemlich verblüfft: »Was, ich bin Dritter? Das kann ich gar nicht glauben.« Die brasilianische Mannschaftsleitung legte Protest gegen die Plazierung ein – aber der wurde abgelehnt. Marcel Schelbert nahm die Bronzemedaille natürlich dankbar an und freute sich über »den

400 m Hürden Männer

WR: Kevin Young (USA) 46,78 Sek. (1992)

Finale am 27. August 1999

1. Fabrizio Mori (Italien) 47,72 Sek.
2. Stéphane Diagana (Frankreich) 48,12
3. Marcel Schelbert (Schweiz) 48,13 (NR)

Spätstarter: Fabrizio Mori

Fabrizio Mori (Italien), geboren am 28. Juni 1969 in Livorno. Maße: 1,75 m, 68 kg. Größte Erfolge: Olympia-Sechster 1996, WM-Vierter 1997, EM-Dritter 1998. Champion-Spruch: »Ich bin wie immer langsam gestartet, aber auf der Zielgeraden wurden meine Beine schneller und schneller.«

größten Erfolg, den ich je hatte«. Dennoch fügte er bescheiden hinzu: »Ich dachte zuerst, ich sei Vierter geworden – mit dieser Position und dem Schweizer Rekord wäre ich auch zufrieden gewesen.«
Zufrieden verließ auch der Titelverteidiger das Stadion. Stéphane Diagana (30), der schon das Olympiajahr 1996 wegen einer Streßfraktur im Fuß quasi verloren hatte, war auch im WM-Jahr nicht recht auf die Beine gekommen. »Vor einem Monat wußte ich noch nicht, ob ich überhaupt in Sevilla starten würde. Deswegen hatte ich realistischerweise nur das Halbfinale im Sinn.«
Der Dresdener Thomas Goller, gerade U-23-Europameister geworden, mußte seine Hoffnungen auf den Endlauf in Sevilla tatsächlich im Halbfinale begraben: In 49,89 Sekunden schied er als Letzter seines Laufs aus und schönte nichts: »Ich habe meinen Rhythmus nie richtig gefunden und war in der zweiten Kurve einfach platt.« Aber mit 21 Jahren gehören solche Erfahrungen noch in das Kapitel, das die Zukunft nicht belastet.

Forza Italia: Auf der Zielgeraden hatte Fabrizio Mori (47,72 Sekunden) den Turbo gezündet und dem favorisierten Franzosen Stéphane Diagana noch die Goldmedaille weggeschnappt. Für die anschließende Ehrenrunde schmückte sich der selbstbewußte 400-Meter-Hürdenläufer zur Freude der mitgereisten Fans mit den italienischen Landesfarben.

Männer: 3000 Meter Hindernis

Koskei: Einziges Gold für Kenia

Die vielbestaunten kenianischen Wunderläufer konnten in Sevilla nur einen Weltmeister feiern: Christopher Koskei, der nur im Paß mit seinem kompletten Namen Christopher Cherono Kipkosgei geschrieben steht, gewann vor seinem Landsmann und Titelverteidiger Wilson Boit Kipketer über 3000 Meter Hindernis. Aber das sehnlichst erwünschte Medaillen-Triple gelang trotz einer gemeinsam ausgetüftelten Renntaktik nicht: Bronze sicherte sich der Marokkaner Ali Ezzine, der doppelten Grund zur Freude sah: Einmal, weil er Marokko die allererste Medaille im Hindernisrennen bescherte, und zum anderen, weil er eine Knieoperation hinter sich hat, die nicht ohne weiteres eine solche Vorstellung erwarten ließ.

Mit viel Respekt reden die Kenianer immer und immer wieder von jenem blonden Berliner, der 1998 in Budapest völlig überraschend Europameister geworden war und wenige

Achtungserfolg: Verbissen verfolgte Damian Kallabis im 3000-Meter-Hindernislauf den Weltrekordhalter Bernard Barmasai (Nr. 858). Auf der Zielgeraden ließ der 26jährige Berliner den Kenianer sogar hinter sich – und landete als bester Europäer mit 8:13,11 Minuten trotzdem nur auf dem undankbaren vierten Platz.

Wochen vor der Weltmeisterschaft 1999 in Zürich mit 8:09,48 Minuten den zwölf Jahre alten Deutschen Rekord des Dresdeners Holger Melzer um 84 Hundertstel unterboten hatte: Damian Kallabis lieferte den Afrikanern auch in Sevilla einen großen Kampf und ein famoses Rennen. Daß er im ersten Moment über seinen vierten Platz ein wenig enttäuscht war, lag daran, daß »es am letzten Hindernis noch so knapp war«. Der 26jährige Berliner ließ immerhin den Weltrekordler Bernard Barmasai (Kenia) als Fünften noch hinter sich. Sogar Weltmeister Koskei befürchtete lange einen Überraschungsangriff von Kallabis: »Ich wußte, daß der Deutsche auf den letzten 400 Metern sehr stark ist – und ich kenne Barmasai. Ich habe einen von beiden im Sprint erwartet. Erst als ich bemerkte, daß keiner von den beiden eine Reaktion zeigte, habe ich alle mentalen und körperlichen Kräfte vollends mobilisiert.«

Die Anerkennung, die Damian Kallabis unter den afrikanischen Läufer-Kollegen findet, bleibt ihm im eigenen Land oft versagt. Seit der Europameister bekannt hat, daß er während der EM-Tage 1998 mit dem inzwischen verbotenen, aber damals auf keiner Verbotsliste stehenden Blutplasmaexpander HES experimentiert hatte, war er dauerhaft einem Doping-Verdacht ausgesetzt, für den es keine faktische Bestätigung gab. »Ich wollte«, sagte Kallabis in Sevilla, »eine sportliche Antwort geben« – und dies sei ihm gelungen. »Mit dem vierten Platz bei meiner ersten WM-Teilnahme kann ich zufrieden sein.«

3000 Meter Hindernis Männer

WR: Bernard Barmasai (Kenia) 7:55,72 Min. (1997)

Finale am 23. August 1999

1. Christopher Koskei (Kenia) 8:11,76 Min.
2. Wilson Boit Kipketer (Kenia) 8:12,09
3. Ali Ezzine (Marokko) 8:12,73

Im Planziel: Christopher Koskei

Christopher Koskei (Kenia), geboren am 14. August 1974.
Maße: 1,70 m, 62 kg.
Größte Erfolge: Vize-Weltmeister 1995, Zweiter der Afrikanischen Meisterschaften 1993.
Champion-Spruch: »Wir Kenianer hatten einen Rennplan vorbereitet: Bis 200 Meter vor dem Ziel im Teamwork und dann jeder für sich selbst.«

Sprung in die Goldgrube: Charles Friedek sorgte für eine der größten Überraschungen dieser Weltmeisterschaft. Mit einem phantastischen 17,59-Meter-Satz im vierten Durchgang schockte der Dreispringer die Konkurrenz und gab die Führung bis zum Schluß des Wettbewerbs nicht mehr ab.

Männer: Sprungdisziplinen

Flamenco für Friedek: Gold zum Geburtstag

Die attraktiven Tänzerinnen in ihren bunten spanischen Trachten hatten noch Zeit zu üben: Charles Friedek, dem ihr Auftritt später gewidmet war, saß kurz nach Mitternacht noch bei der Dopingkontrolle im Stadion. Und so kam es, daß der Weltmeister im Dreisprung den ersten Schluck auf Gold und seinen 28. Geburtstag buchstäblich auf die reelle Leistung trank. Einstweilen feierten die Gäste des deutschen WM-Clubs in der Hacienda La Alqueria schon feuchtfröhlich und bereiteten dem Überraschungssieger des Abends schließlich einen rauschenden Empfang. Friedek tanzte ausgelassen Flamenco mit und genoß die Party. Er wollte kein Spielverderber sein. Aber Charles Friedek ist ein Mann, der auch im Erfolg nie seine Nachdenklichkeit verliert. Besonders dann nicht, wenn dieser Erfolg so völlig unerwartet über ihn kommt wie ein Gewitter an einem heißen Sommertag. 17,59 Meter im vierten Versuch brachten ihm Gold.

Er wunderte sich schon: »Ich konnte doch niemals mit mehr als einer Bronzemedaille rechnen. Bis vor wenigen Tagen wußte ich noch gar nicht, ob ich antreten würde.« Eine Fersenprellung hatte ihm zu schaffen gemacht. Aber seine Freundin (»eine gute Psychologin für mich«) und vor allem der Arzt und sein Trainer Bernd Knut überzeugten den wankelmütigen Zauderer, daß diese Blessur ihn nicht von der Chance auf eine WM-Medaille abhalten sollte. Friedek dankte ihnen von Herzen, daß sie ihn bearbeitet hatten, »weil ich Angst vor dem Versagen hatte und nicht zur WM fahren wollte«.

Die Angst vor dem Versagen begleitet den gebürtigen Gießener schon etliche Jahre. Am schlimmsten war es 1995 in Göteborg: Als Augenzeuge des sagenhaften Weltrekords von Jonathan Edwards entschloß er sich, seine Karriere zu beenden: Edwards flog bei der WM 18,29 Meter weit. Friedeks Bestleistung lag bei 16,34 Metern. »Fast zwei Meter Unterschied – da dachte ich, das hat doch keinen Sinn mehr.«

Überwältigend: Charles Friedek

Charles Friedek (Leverkusen), geboren am 26. August 1971 in Gießen. Maße: 1,84 m, 80 kg. Größte Erfolge: Hallen-Weltmeister 1999, Zweiter der Hallen-EM 1998, Weltcup-Sieger 1998.
Champion-Spruch: »Ich bin völlig überwältigt. Ich konnte es nicht wagen, auf mehr als auf Bronze zu hoffen.«

Friedek gab nicht auf. Er fand in Leverkusen mit dem erfahrenen und unerschütterlich gelassenen Trainer Bernd Knut (60) einen Coach, der mit den Stimmungsschwankungen des Athleten umgehen kann. Noch viel häufiger freilich würde Knut ihm gerne die positiven Seiten des Lebens zeigen. Daß Charles Friedek sie nicht immer so sehen kann, mag ein wenig an seiner Geschichte liegen. Als er sechs Jahre alt war, trennten sich seine Eltern. Von seinem Vater, einem amerikanischen Soldaten, hat er die dunkle Hautfarbe – und mußte als Bub die entsprechenden Hänseleien ertragen. »Als Kind habe ich schon darunter gelitten.« Doch was ist schwieriger: Als Kind Ungerechtigkeit zu erfahren und nicht so recht zu wissen warum – oder als Erwachsener das ganze Ausmaß und den Konflikt zwischen Heimatgefühl und Fremdenfeindlichkeit, zwischen Applaus und Ablehnung begreifen zu müssen. »Im Sport«, sagt Friedek, »darf ich Medaillen für Deutschland holen. Und wenn ich durch die Fußgängerzone gehe, bin ich der Asylant.« Zu oft schon wurde er in Köln vor den Diskotheken von strengen Türstehern mit fadenscheinigen Argumenten abgewiesen. Vielleicht macht der sportliche Erfolg ihn selbstbewußter. Milder stimmt er ihn in solchen Sachen verständlicherweise nicht.

Körper und Geist: Wjatscheslaw Woronin

Wjatscheslaw Woronin (Rußland), geboren am 5. April 1974 in Wladikawkaz.
Maße: 1,90 m, 78 kg.
Größte Erfolge: Zweiter der Hallen-WM 1999, Zweiter der Hallen-EM 1998.
Champion-Spruch: »Mein Körper und mein Geist waren in Harmonie.«

Siegesserie zahlt sich aus

Eines freilich hat ihn gewiß fröhlich gestimmt: Den beiden Konkurrenten um Gold hat es – als sie geschlagen waren – erst einmal die Sprache verschlagen: Rostislav Dimitrov (Bulgarien) und Jonathan Edwards (Großbritannien) marschierten in stummem Entsetzen an denen vorbei, die erste Kommentare einfangen wollten. Dabei hätten sie gewarnt sein müssen. Denn Charles Friedek hatte schon vor Sevilla eine beachtliche Siegesserie hingelegt: Er gewann den Weltcup und das Grand-Prix-Finale im Herbst 1998 und holte zu Beginn der Saison 1999 in Maebashi den Hallen-Weltmeistertitel. »Ich muß erst noch realisieren, was für ein Glück ich in den letzten Monaten hatte«, sagte er selbst – und auffällig ist, wie oft er von Glück redet, wenn er erarbeitete Leistung bewertet: »Um Weltklasse zu werden«, sagt er, »braucht man sehr viel Glück.« Nämlich dafür, das richtige Umfeld zu finden, das die Leistung möglich macht.
Das Glück hat seinen Wert: Allein die Siegprämien der jüngsten Erfolge bescherten ihm binnen weniger Monate inklusive WM-Gold in Sevilla ein Einkommen in Höhe von

Dreisprung Männer

WR: Jonathan Edwards (Großbritannien) 18,29 m (1995)

Finale am 25. August 1999

1. Charles Friedek (Leverkusen) 17,59 m
2. Rostislav Dimitrov (Bulgarien) 17,49 (PB)
3. Jonathan Edwards (Großbritannien) 17,48

210 000 Dollar. Aber auch in diesen Stunden voller Unbeschwertheit und Leichtigkeit nach dem Finale wurde der Springer nicht zum Luftikus. Vorsorge ist ihm wichtiger: »Ich werde es anlegen. Es gibt ein Leben nach dem Sport.« Und ein Leben außerhalb des Sports: Friedek engagiert sich für ein soziales Hilfsprojekt namens »Jump for children«. Letztes Jahr kam der Erlös aus den in Zentimetergeld umgesetzten Weiten der mitmachenden Athleten krebskranken Kindern zugute. Er hat sie im Krankenhaus besucht: »Das war schwierig. Die Kinder haben sich geschämt, weil sie keine Haare mehr hatten. Sie waren introvertiert und einsam.« Vielleicht nennt er es deswegen einfach Glück, wenn er an seine Goldmedaille denkt.

Männer: Hochsprung

Bronze für Buß: Mehr als drei Richtige ...

Annabell Buß saß mit Söhnchen Jannik auf der Tribüne im Stadion – und das, sagt Martin Buß, »ist immer sehr wichtig für mich«. Zu wissen, daß dort oben unter zigtausend Unbekannten Blickkontakt mit ein paar vertrauten Menschen herzustellen ist, hilft dem Berliner auf die Sprünge. Die Kampfrichter, die ihm bedeutend näher waren, taten zu seinem großen Verdruß das Gegenteil: Sie entfernten seine Anlaufmarkierung – und das ist in etwa so, als würde man einem Sprinter den Startblock klauen. Aber allen Widrigkeiten zum Trotz verließ Martin Buß die WM-Stätte diesmal »überglücklich«. Nach so vielen vierten Plätzen – bei der Europameisterschaft 1998, beim Weltcup ’98, beim Europacup ’98 und bei der Hallen-Weltmeisterschaft 1999 – gelang dem ehemaligen Fußball-Verteidiger der Angriff auf die Medaillen und der Sprung aufs Treppchen:

Hinter dem Russen Wjatscheslaw Woronin und dem Kanadier Mark Boswell belegte er mit 2,32 Metern den dritten Platz. Vierter oder Dritter? Buß: »Das ist wie der Unterschied zwischen drei und sechs Richtigen im Lotto.«

Ein bißchen Glücksspiel war schon dabei. Der Jugoslawe Dragutin Topic meisterte die gleiche Höhe erst im dritten und nicht im ersten Versuch. Vorteil Buß. Und Pech für Steve Smith. Der Weltjahresbeste wählte, um seinen verletzten Fuß zu schonen, die 2,35 Meter als Anfangshöhe und steigerte nach einem ersten Fehlversuch sofort auf 2,37 Meter – nach zwei weiteren mißlungenen Versuchen des Briten hatte Buß Bronze sicher. Kein Wunder, daß der 26jährige für Nachwuchssportler einen Rat aus eigener Erfahrung gibt: »Immer ein Ziel vor Augen haben und niemals aufgeben«, empfiehlt er jungen Athleten.

Er selbst hat auch Konkretes im Visier: »Mein größter Wunsch ist eine Medaille bei den Olympischen Spielen in Sydney.« Dafür will der 1,95 Meter große Blonde bis zum nächsten Sommer noch drei Zentimeter auf seine Bestleistung von 2,35 Metern drauflegen. Wie mühsam geht es doch aufwärts, wenn man nur die eigenen Füße als Sprungfedern nutzen kann. Als Kind wollte Martin Buß immer Pilot werden. Eines ist gleich geblieben: Nur fliegen ist schöner ...

Mit Woronin, Boswell und Buß hat eine neue Generation das Siegertreppchen im Hochsprung bestiegen. Der kurze Blick zurück ist für die Vorgänger wenig schmeichelhaft: Olympiasieger Charles Austin blieb in Sevilla als Neunter bei 2,29 Metern hängen. Viel schlimmer freilich: Weltrekordler und Titelverteidiger Javier Sotomayor, über viele Jahre ein gefeierter Star der Szene, war wenige Wochen vor der Weltmeisterschaft nach seinem Sieg bei den Panamerikanischen Spielen in Winnipeg der Einnahme der verbotenen Substanz Kokain überführt worden und hatte – noch ehe über eine offizielle Sperre entschieden war – auf den Start in Sevilla verzichtet.

Hochsprung Männer

WR: Javier Sotomayor (Kuba) 2,45 m (1993)

Finale am 23. August 1999

1. Wjatscheslaw Woronin (Rußland) 2,37 m
2. Mark Boswell (Kanada) 2,35
3. Martin Buß (Berlin) 2,32

Sprung aufs Medaillentreppchen: Nach vielen vierten Plätzen bei großen Wettkämpfen erkämpfte sich der Berliner Martin Buß mit übersprungenen 2,32 Metern Bronze im Hochsprung-Krimi von Sevilla.

Von wegen Bubka: Maksim Tarasow

Maksim Tarasow (Rußland), geboren am 2. Dezember 1970 in Jaroslawl. Maße: 1,94 m, 80 kg. Größte Erfolge: Olympiasieger 1992, Vize-Weltmeister 1995 und 1997, Europameister 1998. Champion-Spruch: »Ich kann nicht der neue Bubka sein. Ich hoffe, die Leute reden beim Stabhochsprung jetzt von Tarasow.«

Männer: Stabhochsprung

Tarasow springt auf den Thron

Der Kronprinz folgte dem König auf den Thron – und wollte fortan der Eine und Einzige sein: »Ich kann nicht der neue Bubka sein«, erklärte der neue Stabhochsprung-Weltmeister. »Ich hoffe, daß die Leute im Zusammenhang mit Stabhochsprung künftig nicht über Bubka, sondern über Tarasow reden werden.« Der Russe trat die Nachfolge des Mannes an, der diese Disziplin seit der WM-Premiere in Helsinki 1983 regiert hat wie ein Alleinherrscher: Alle sechs Titelkämpfe, die es vor Sevilla gegeben hatte, konnte der Ukrainer für sich entscheiden. Diesmal fehlte Sergeij Bubka. Die Ärzte hatten dem 35jährigen wegen schlimmer Achillessehnenbeschwerden dringend von einem WM-Start abgeraten.

Und Tarasow, einmal Dritter und schon zweimal Zweiter bei Weltmeisterschaften, nutzte seine Chance: Mit 6,02 Metern stellte der in Budapest lebende Russe sogar einen Meisterschaftsrekord auf. »Bubka wird über das Resultat heute Abend nicht glücklich sein«, vermutete der neue Champion. Freilich: Die Zuschauer hatten diesmal nicht lange Freude an den Höhenfliegern. Denn der zweitplazierte Dmitriy Markow (24), ein in Australien seßhaft gewordener Weißrusse mit neuem Paß und neuem Nationaltrikot, gönnte der Galerie gerade mal je einen gelungenen Versuch über 5,70 und 5,90 Meter – dann hatte er Silber. Alexander Awerbusch, gebürtiger Russe und erstmals für Israel auf Medaillenjagd, überwand für Bronze ebenfalls nur zwei Höhen – 5,70 und 5,80 Meter.

Dahinter sortierte sich das Feld bei 5,70 Metern nach Fehlversuchen. Darunter auch das deutsche Trio. Im Schatten und im Schutz des Trubels um Weltrekordler Michael Johnson schlichen Tim Lobinger, Michael Stolle und Danny Ecker durch den Pfad der aufgeregten Menge aus der Arena. Lobinger (26) landete mit einem Fehlversuch bei 5,70 Metern auf Rang sechs. Stolle (24) war am längsten im Wettbewerb, weil er nach 5,70 Metern die nächste Höhe ausließ und erst bei 5,90 wieder einstieg. Der letzte Versuch war der beste – aber die Latte fiel dennoch. Zwei Fehlversuche bei 5,70 Metern – Siebter. Am besten schnitt Heide Ecker-Rosendahls Sohn Danny Ecker ab. Der 22jährige Leverkusener hatte die 5,70 Meter ohne Fehlversuch gemeistert – und landete immerhin auf Rang vier.

Er wußte nicht so recht, wie er nun den sehr guten Platz mit dem bedrückenden Eindruck des Wettbewerbs unter einen Hut bringen sollte. Ecker: »Wenn mir vor der WM

Stabhochsprung Männer

WR: Sergeij Bubka (Ukraine) 6,14 m (1994)

Finale am 26. August 1999

1. Maksim Tarasow (Rußland) 6,02 m
2. Dmitriy Markow (Australien) 5,90
3. Alexander Awerbusch (Israel) 5,80 (NR)

Der Überflieger: Maksim Tarasow schickt sich an, die Nachfolge Sergeij Bubkas anzutreten. Als einziger Stabhochspringer meisterte der Russe 6,02 Meter und freute sich ausgelassen über seinen wahrlich weltmeisterlichen Auftritt im Höhenpoker.

jemand gesagt hätte, daß ich hier Vierter werde, wäre ich wahrscheinlich sehr glücklich gewesen. Aber so wie das gelaufen ist, bin ich schon enttäuscht.« Sie suchten nicht nach Entschuldigungen, aber nach Erklärungen. »Es hat heute keinen Spaß gemacht«, fing Ecker an – und Michael Stolle hakte nach. Die Reglementierungen seien so streng gewesen, daß nicht einmal die Mannschaftskameraden im Innenraum miteinander sprechen durften, geschweige denn durften sie sich mit Konkurrenten unterhalten oder gar Zeichen mit den Betreuern oder Trainern auf der Tribüne austauschen. »Dauernd gab's Verwarnungen. Sogar die Drehkreuzschlüssel für die Spikes an den Schuhen haben sie uns abgenommen.« Kopfschüttelnd redete Stolle sich in Rage: »Ich meine, das ist doch kein Krieg. Das ist Sport. Und im Sport muß auch der Wettkampf noch ein bißchen Spaß machen dürfen.«
Es mischte sich alles: Frust über die strengen Zustände, Enttäuschung über die abgestürzten Hoffnungen – und die Ratlosigkeit, die so schnell nach dem Wettkampf keine vernünftigen Analysen zuließ.

Männer: Weitsprung

Lamela: Stark trotz süßer Schwäche

Immer, wenn an den Kassenschaltern vor dem Stadion in Sevilla provisorisch eine Reihe von Zeltdächern als Sonnenschutz für die in der langen Schlange Wartenden aufgestellt wurde, wußte man: Spanien hofft auf Medaillen.
So war es auch am letzten Samstag dieser Weltmeisterschaft. 55 000 Zuschauer feierten in der ausverkauften Arena zwei ihrer Helden fast gleichzeitig: Während Routinier Abel Anton auf dem Weg zum Marathon-Sieg war und dabei auf der Videotafel verfolgt werden konnte, erfüllte ein junger Athlet vor ihren Augen (fast) alle ihre Hoffnungen auf eine wenigstens silberne Überraschung: Der 22jährige Yago Lamela rückte mit 8,40 Metern bis auf 16 Zentimeter an den großen Favoriten Ivan Pedroso heran und wurde Vize-Weltmeister vor dem Slowenen Gregor Cankar (8,36 m).
Der Kubaner Pedroso sicherte sich in einem der hochklassigsten Weitsprung-Wettbewerbe der WM-Geschichte mit 8,56 Metern im dritten Versuch den dritten Titel. Aber der 26jährige gab zu: »Ich habe mich durch Lamela schon unter Druck gesetzt gefühlt.« Unter den feurigen Jubelgesängen seiner Landsleute löste der Student aus Oviedo in Nordspanien den Wechsel auf die Zukunft glänzend ein und sagte Pedroso den Kampf an: »Ich bin noch jung und muß technisch noch viel lernen. Deswegen weiß ich, daß ich eines Tages weiter springen kann. Vielleicht werde ich dann Gold gewinnen.« Eine »süße« Schwäche wird er freilich wohl beibehalten: »Ich kann den selbstgebackenen Keksen meiner Mutter nicht widerstehen.«

Weitsprung Männer

WR: Mike Powell (USA) 8,95 m (1991)

Finale am 28. August 1999

1. Ivan Pedroso (Kuba) 8,56 m
2. Yago Lamela (Spanien) 8,40
3. Gregor Cankar (Slowenien) 8,36

Der dritte Streich: Ivan Pedroso

Ivan Pedroso (Kuba), geboren am 17. Dezember 1972 in Havanna.
Maße: 1,72 m, 70 kg.
Größte Erfolge: Weltmeister 1995 und 1997, Hallen-Weltmeister 1999.
Champion-Spruch: »Ich wollte unbedingt das dritte WM-Gold sichern. Die Weite spielte keine Rolle.«

El Matador: Der spanische Publikumsliebling Yago Lamela kam im Weitsprung-Wettbewerb bis auf 16 Zentimeter an den favorisierten Kubaner Ivan Pedroso heran, mußte sich aber am Ende mit der Silbermedaille begnügen.

Männer: Wurfdisziplinen

Das ist der Hammer – Gold für Karsten Kobs! Bereits im ersten Versuch schleuderte der 118-Kilo-Mann sein Sportgerät derart kraftvoll aus dem Ring, daß dieses erst nach 80,24 Metern wieder auf der Erde landete – eine Weite, die an diesem Abend nicht mehr übertroffen werden sollte.

Männer: Kugelstoßen

Nur kein Neid: Silber für Buder

Es war kurz vor Mitternacht. In der herrlich luftig gelegenen Hacienda L'Alqueria de Santa Eufemia, ein paar Kilometer vom Olympiastadion in Sevilla entfernt, entspannten sich Gäste und Gastgeber des WM-Clubs des Deutschen Leichtathletik-Verbandes in der Kühle der Nacht von der Hitze des ersten WM-Tages. Auf einmal wurde es laut, Scheinwerfer der Fernsehkameras gingen an – und ein begeisterter Beifall empfing Oliver-Sven Buder unter dem Rundbogen-Tor der prächtigen Anlage. Der 33jährige Wattenscheider hatte wenige Stunden zuvor dem Deutschen Leichtathletik-Verband am ersten Wettkampftag die erste WM-Medaille beschert. Ein Handschlag von Präsident Helmut Digel, ein Küßchen von Ehefrau Petra, ein riesiges Glas Bier – die Welt war in Ordnung. Buder hatte – wie 1997 bei der WM in Athen und wie bei den Europameisterschaften 1990 in Split und 1998 in Budapest – die Silbermedaille gewonnen. »Es war ein großartiger Wettbewerb, ich habe mit 21,42 Metern eine neue persönliche Bestleistung aufgestellt (Anm. d. Red.: bei Freiluft-Wettbewerben bisher 21,24 Meter, in der Halle bereits 21,47 Meter). Was will ich mehr?«

Gold vielleicht. Denn immerhin hatte er fünf Runden lang an der Spitze des Weltklasse-Feldes gelegen – und als ihm im vierten Durchgang der Superstoß gelang, strahlte er, als wollte er die Sonne vom Himmel stehlen. Aber dann stahl im der Jäger Hunter die kleine Hoffnung auf den großen Traum. »Nein«, sagt Buder überzeugend, »ich bin nicht neidisch. Ich freue mich für ihn. C.J. war heute besser als ich.«

Es war wirklich nur ein ganz kurzer Moment, in dem ein kleiner Schatten über Oliver-Sven Buders Gesicht huschte. Es war der Moment, in dem Cottrell J. Hunter einen Urschrei losließ und um den Ring zu tanzen begann. Der Amerikaner verbesserte im allerletzten Versuch des Kugelstoß-Finales seine persönliche Bestleistung um 35 Zentimeter und schnappte dem bis dahin führenden Wattenscheider mit einer Weite von 21,79 Metern noch die Goldmedaille weg, die manche schon in seinen Händen sahen. Buder weiß es besser: »Der Wettkampf ist erst nach dem sechsten Versuch zu Ende. Und ich wußte, daß immer mit ihm und den anderen zu rechnen ist.«

Tatsächlich hatte der Weltmeister schon im vierten Durchgang einen zwar ungültigen, aber sehr großen Wurf hingelegt. »Wahr-

Duell der Giganten: Im vierten Versuch stieß Oliver-Sven Buder die Kugel fabelhafte 21,42 Meter weit, hatte deutlichen Vorsprung vor dem Nächstplazierten und sah bis zum letzten Durchgang wie der sichere Sieger aus ...

Kugelstoßen Männer

WR: Randy Barnes (USA) 23,12 m (1990)

Finale am 21. August 1999

1. Cottrell John Hunter (USA) 21,79 m (PB)
2. Oliver-Sven Buder (Wattenscheid) 21,42
3. Alexander Bagatsch (Ukraine) 21,26

scheinlich«, vermutet Buder, »hat ihn das psychologisch nach vorne gebracht. Er hat auf Alles oder Nichts gesetzt. Sekt oder Selters. Jetzt trinkt er Sekt.«

Und Oliver-Sven Buder trank Bier – aber das ist nun einmal seine bodenständige Art, auch die großen Erfolge zu feiern. Denn ein großer Erfolg war dieser WM-Auftakt allemal. »Auf jeden Fall ist diese Silbermedaille mehr wert als die vor zwei Jahren.« In Athen hatte der Olympia-Fünfte von 1996 die drittgrößte Weite erzielt und Bronze gewonnen. Aber dann wurde der Ukrainer Aleksandar Bagatsch bei der Dopingkontrolle der Einnahme des Aufputschmittels Ephedrin überführt. Der Titel wurde ihm aberkannt, der Amerikaner John Godina zum Weltmeister erklärt – und Buder rückte auf den Silber-Platz auf.

In Sevilla fand sich der Titelverteidiger am Ende weitab vom Medaillentreppchen auf Rang sieben wieder. Bagatsch, der 1989 schon einmal für zwei Jahre wegen Anabolikamißbrauchs gesperrt wurde, belegte mit 21,26 Metern Platz drei – und ganz oben stand ein Mann im Mittelpunkt, der trotz seiner Gewichts- und Qualitäts-Klasse gewöhnlich im Schatten seiner schnellen Ehefrau Marion Jones steht. Die Sprintkönigin hockte nach dem Sieg ihres Gatten in den Stadionkatakomben auf einer Mauer an der Wand und flüsterte ihm das schönste Kompliment zu: »Ich bin stolz auf dich.«

Stolz war natürlich auch Petra Buder auf ihren Mann. Die Sprechstundenhilfe bemüht sich sehr, zusammen mit Oliver-Sven Buder, seine Leistungen auch in der Öffentlichkeit ins rechte Licht zu rücken. Der sympathische Zwei-Meter-Mann mit dem lustigen Lächeln und viel Sinn für Humor möchte gerne Überzeugungsarbeit leisten: »Mein Anliegen ist es, zu zeigen, daß Kugelstoßer Menschen sind, die nicht dumm und fett sind, keine Riesen sind, an die man sich nicht herantrauen darf.«

Er wird dafür noch eine Weile in den Ring steigen: Bis zu den Olympischen Spielen 2004 würde er gerne planen, aber das Nahziel ist natürlich Sydney 2000. Und sein Motto ist: sauber bleiben. Buder zählt gerne die vielen Besuche der Trainingskontrolleure auf, brachte sich schon auch mal selbst bei ihnen in Erinnerung, wenn lange keiner mehr da war – und sagt: »Es ist ein tolles Gefühl, wenn man es allen gezeigt hat, daß man auch als sauberer Athlet eine Medaille erringen kann.«

Stolze schnelle Gattin: Cottrell J. Hunter

Cottrell J. Hunter (USA), geboren am 14. Dezember 1968 in Washington D.C.
Maße: 1,86 m, 145 kg.
Größte Erfolge: WM-Dritter 1997, Hallen-WM-Zweiter 1995, Weltcup-Sieger 1994.
Champion-Spruch: »Marion sagte nur, daß sie sehr stolz auf mich ist.«

... bis der US-Amerikaner C.J. Hunter, dessen bester Versuch bis dahin bei 21,09 Metern lag, die Kugel – begleitet von einem markerschütternden Schrei – auf unglaubliche 21,79 Meter wuchtete und sich doch noch die Goldmedaille holte.

Männer: Diskuswerfen

Schult trauerte um einen Traum: So nah am Gold ist Silber Blech

Ein hartes Stück Arbeit: Noch nie mußte man in einem WM-Finale so weit werfen, um die Bronzemedaille zu gewinnen. Mit 68,09 Metern war Diskuswerfer Lars Riedel nach einer schwierigen Saison aber durchaus zufrieden ...

Jürgen Schult tigerte über den Rasen wie ein Raubtier auf der Suche nach der verlorengegangenen Beute. Mit einem großen weißen Handtuch wischte er noch einmal und noch einmal Spuren aus dem Abwurfkreis, die außer ihm niemand erkennen konnte. Und durch seinen Kopf rasten Blitze voller Wut, Enttäuschung und Frust, und ein kleiner, gemeiner Teufel flüsterte ihm grinsend zu, daß es vorbei war. Der letzte Wurf ging nicht mehr weit genug. Der 39jährige kippte das restliche Trinkwasser aus der Plastikflasche wie einen Sturzbach über Haarschopf und Gesicht, als müsse er aufwachen aus einem bösen Alptraum.

Ein Alptraum hatte den Traum verjagt. Denn der zweite Versuch des großen alten Mannes aus dem Diskusring war weit gegangen. Erst nach 68,18 Metern schlug die Scheibe dicht an der Grenze des Wurfsektors ein. Bis zum Ende des fünften Durchgangs war dies die Weite des Siegers, und der hieß Jürgen Schult. »Ich habe gedacht, das Ding ist gelaufen.« Ehrlich gibt er zu, daß sich die Hoffnung zu früh verselbständigt hatte. Der große Traum, zwölf Jahre nach seinem letzten WM-Sieg und elf Jahre nach seinem Olympiasieg in Seoul wieder Weltmeister zu werden. »Da liegst du vorne bis zwei Minuten vor Buffalo, und dann kommt einer und knallt dir so ein Ding vor die Knie.« Der Riese (1,93 m, 110 kg) aus Riesa konnte es nicht fassen: Anthony Washington (USA) schnappte ihm im allerletzten Durchgang mit 69,08 Metern die Goldmedaille weg. Schult schüttelte den Kopf: »Der haut immer mal einen guten Wurf pro Saison raus – aber daß das gerade heute passieren mußte ...«

Anthony Washington thronte zwischen Schult und Bronzemedaillengewinner Lars Riedel und wagte gar nicht, die beiden direkt anzuschauen. Da sagte er es lieber geradeaus: »Die Deutschen dominieren den Diskus – ich weiß nicht seit wann. Auf jeden Fall: Die Deutschen zu schlagen, das ist ein Sieg für die Geschichtsschreibung.« Die Nachbarn nickten sachte – aber ihre Rolle gefiel ihnen in diesem Kapitel gar nicht. Washington entschuldigte sich fast für seinen Volltreffer: »Ich hatte vorher nur Mist geworfen. Ich wollte doch bloß noch einen ordentlichen Wurf machen.« Das ist ihm gelungen. Betreten hockt Jürgen Schult auf dem Stuhl, der für den Vize-Weltmeister reserviert war und versuchte ziemlich ungeschickt, die Niedergeschlagenheit zu überwinden. »Ist halt passiert. Damit muß man immer rechnen.«

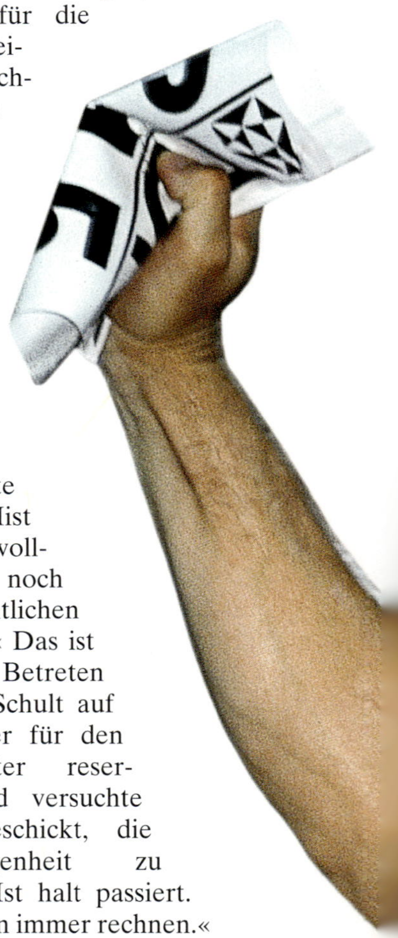

Aber mit Jürgen Schult müssen die Diskuswerfer auch weiterhin rechnen. Bei den Olympischen Spielen in Sydney plant er im Jahr nach seinem 25jährigen Dienstjubiläum noch einmal den großen Wurf – und danach wohl den Abschluß seiner erfolgreichen Karriere, die mit dem bis

Diskuswerfen Männer

WR: Jürgen Schult (DDR) 74,08 m (1986)

Finale am 24. August 1999

1. Anthony Washington (USA) 69,08 m
2. Jürgen Schult (Schwerin) 68,18
3. Lars Riedel (Chemnitz) 68,09

heute gültigen Weltrekord (74,08 m) einen Diamanten trägt, der ihn oft mit seinen messerscharfen Kanten geplagt hat. »Das war ein Ausreißer«, sagte Schult in einem Interview mit der »Welt am Sonntag« vor der WM. »Ich habe niemals mehr so weit geworfen. Obwohl er eine Zeitlang mein Leben verändert hat. Ich bekam ihn nämlich nicht mehr aus dem Kopf. Ich wollte ihn wegdrücken, vergessen. Aber das ging nicht. Ich habe lange gebraucht, bis ich wieder weit werfen konnte.«

Gute Zeiten – schlechte Zeiten

Es waren kluge Sätze, die er in diesem Gespräch mit der jungen Stabhochspringerin Yvonne Buschbaum geäußert hatte. An einen Satz sollte er sich nach dem WM-Finale erinnern. »Schlechte Zeiten auszuhalten, sich durchzubeißen, das lehrt der Sport.«
Und das Verrückte ist: Schlechte Zeiten sind manchmal in Wirklichkeit auch gute Zeiten. Denn die Silbermedaille, die ihm im ersten Moment wie Blech erschien, signalisierte in Sevilla eine glänzende Leistung. Und nie zuvor hat man in einem WM-Endkampf so weit wie Lars Riedel werfen müssen, um Bronze zu bekommen. 68,09 Meter – »mehr war nicht drin«, bekannte der 32jährige Chemnitzer, der nach vier Weltmeistertiteln in Serie 1999 seiner schmerzhaften, langwierigen Hüft- und Rückenverletzung Tribut zollen mußte. »Die 68 Meter sind für mich schon sehr gut. Nur mit den Armen kann man keine 70 Meter werfen – und die Beine kamen heute nicht mit. Besser geht es nur schmerzfrei.«
Es war nicht der entthronte Weltmeister, sondern der über acht Jahre ältere Kollege, der an diesem Tag verloren hatte. Ein Verlierer freilich war Jürgen Schult deswegen wirklich nicht. Blech? Nein, Silber!

Dominanz gebrochen: Anthony Washington
Anthony Washington (USA), geboren am 16. Januar 1966 in Glasgow/Montana. Maße: 1,85 m, 84 kg. Größte Erfolge: Olympia-Vierter 1996, Weltcup-Sieger 1992. Champion-Spruch: »Die Deutschen dominieren das Diskuswerfen seit – ich weiß nicht wieviel – Jahren. Sie zu besiegen, schreibt fast schon Geschichte.«

... genau wie Routinier Jürgen Schult, der den Wettbewerb mit 68,18 Metern lange anführte, sich aber im letzten Durchgang beim Kampf um Gold – ähnlich wie Kugelstoßer Oliver-Sven Buder – doch noch geschlagen geben mußte.

Ausziehen, ausziehen: Im letzten Durchgang hatte der neue Hammerwurf-Weltmeister Karsten Kobs tatsächlich vergessen, sein T-Shirt über dem offiziellen Trikot auszuziehen.

Männer: Hammerwerfen

Kobs mit Köpfchen: Weltmeister im Wassergraben

Ausziehen, ausziehen«, brüllten die Zuschauer auf den Rängen, und Karsten Kobs stand ratlos im Ring und dachte: »Ist hier Karneval, oder was?« In der Aufregung hatte der Dortmunder vor dem letzten Versuch gar nicht bemerkt, daß er das T-Shirt über dem offiziellen Trikot ablegen hätte müssen. Aber das machte nichts: Weltmeister war er schon. 80,24 Meter mit dem allerersten Wurf – das war ein Hammer. Weder Zsolt Nemeth (79,05 m) noch Wladislaw Piskunow (79,03) konnten den Auftakt-Wurf von Karsten Kobs in ihren sechs Versuchen kontern. Der Schreck saß zu tief – und der Weltjahresbeste war froh, daß der Überraschungseffekt Wirkung zeigte: »Ich habe mir damit einen Riesenpusch und den anderen einen Dämpfer versetzt.«

Nach Bronze in Budapest bei den Europameisterschaften nun also Gold bei der WM – das war eine Steigerung nach Maß, und sie hatte eine solide und gezielte Aufbauarbeit als Grundlage: »Ich habe mir in der Vorbereitung ein hohes Maß an Sicherheit antrainiert. Das hilft. Man denkt, wenn 500 Würfe gut und weit waren, warum soll der heute danebengehen.«

Kobs hat eben Köpfchen – und taugt außerdem als Unterhalter. Der Sieger kniete nieder und küßte den Kreis, rannte über den

Hammerwerfen Männer

WR: Jurij Sedych (UdSSR) 86,74 m (1986)

Finale am 22. August 1999

1. Karsten Kobs (Dortmund) 80,24 m
2. Zsolt Nemeth (Ungarn) 79,05
3. Wladislaw Piskunow (Ukraine) 79,03

Rasen, schwenkte die 80-Meter-Markierung wie eine Luftschlange und landete schließlich zur Abkühlung im Wassergraben der Hindernisläufer. Die Fotografen kamen gar nicht schnell genug hinterher und baten ihn, das Bad zu wiederholen. Kobs schüttelte den Kopf: Wir sind ja nicht beim Film, wo die Szenen einfach noch mal abgedreht werden.

Der, der bis dato zuverlässig für Siege im Hammerwurf zuständig war, heißt Heinz Weis – und ist in Sevilla in der Qualifikation gescheitert. Die 74,71 Meter in der Vorrunde reichten lange nicht zur geforderten Weite von 78,50 Metern. Entsetzt saß der gescheiterte Titelverteidiger am Rand der Arena und wußte nicht, wie er dieses Mißgeschick, das ihm zum ersten Mal passiert ist, erklären sollte: »Ich bin sprachlos. Das war eine Premiere, auf die ich gerne verzichtet hätte.«

Der Leverkusener fand seine Fassung wieder – und prognostizierte überzeugend: »Ich bin sicher, daß es trotzdem etwas zu feiern gibt, und ich bin dabei.« Recht hatte er. Es war ein Bild fürs Album: Der Weltmeister von 1997 trug seinen Nachfolger im Stadion auf Händen – und Kobs nahm die Geste dankbar an: »Ich habe mich in Athen so für ihn gefreut – und deswegen wollte ich auch diesen Augenblick nun mit ihm teilen.«

Viele teilten diesen Augenblick mit ihm. Trainer Michael Deyhle lobte den »sehr guten Kreis, den optimalen Käfig und das tolle Publikum« – und seinen Schützling: »Karsten hatte alle athletischen Voraussetzungen für einen Weltklasse-Sportler«. Üben müsse er jetzt was Neues: »Den ganzen Rummel muß man doch erst einmal verarbeiten.« Karsten Kobs schien das ganz gut zu gelingen. Nach kurzer Nacht erzählte der Westfale flott aus seinem Leben: Wenig Worte, gute Sprüche, knochentrockener Humor. Den braucht man in seiner Disziplin. Warum Hammerwurf und nicht was anderes? Angefangen hat's mit dem Papa. Reiner Kobs war Hammerwerfer – »da bin ich halt mitgegangen.« Schon mit zehn Jahren hatte der Bub seinen ersten eigenen Wettkampf: »Ich warf 10,48 Meter oder 10,82, ich weiß nicht mehr genau.« Handball, Schwimmen, Leichtathletik – von allem gab's ein bißchen – »bis ich irgendwann gesehen habe, daß ich, wenn ich

Der Hammer: Karsten Kobs

Karsten Kobs (Dortmund), geboren am 16. September 1971 in Dortmund.
Maße: 1,96 m, 118 kg.
Größte Erfolge: EM-Dritter 1998, WM-Neunter 1997, Europacup-Sieger 1996, Deutscher Meister 1996 und 1999.
Champion-Spruch: »Der erste Wurf hat mir einen Riesenpusch gegeben und den anderen einen Dämpfer.«

ein bißchen mehr trainiere, auch ein bißchen erfolgreicher werden könnte«.
Auf so schlichte Art wachsen Weltmeister auch heran. Weltmeister? »Also ehrlich: Ich habe mich nicht anders gefühlt, als wenn ich Kreismeister geworden wäre. Weltmeister ...« Er spricht das Wort ganz vorsichtig aus. »Ich weiß noch gar nicht, was das zu bedeuten hat. Aber das kommt bestimmt noch, wenn ich's noch ein paar Mal lese.«
Was man schwarz auf weiß hat, stimmt. Und was man hat, hat man. »Ich denke, ich werde jetzt ein bißchen lockerer. Ich bin so ein Typ: Ich muß mir das nicht immer wieder beweisen.« Man glaubt ihm das. Kobs, 27 Jahre alt, blond, 1,96 Meter groß und 118 kg schwer, ist einer, mit dem man Staat machen kann. Das Problem ist nur, daß Hammerwerfer aus Sicherheitsgründen immer nur dann auftreten dürfen, wenn die anderen noch nicht oder nicht mehr da sind. Deswegen wird der Rummel wohl nur kurze, hohe Wellen schlagen und dann wieder abebben. Karsten Kobs weiß das. »Der Titel«, sagt er, »wird mein Leben bestimmt nicht verändern. Alles läuft weiter wie bisher. Ich werde von Wettkampf zu Wettkampf ziehen.« Der kiloschwere spanische Schinken, den ihm Verbandspräsident Digel überreicht hat, wird irgendwann weggeputzt sein. Die Goldmedaille aber bleibt.

Männer: Speerwerfen

Geduld ist Gold wert

Die Experten verhießen dem 17jährigen Teenager einst eine erfolgreiche Zukunft. Das war 1992, als Aki Parviainen Junioren-Weltmeister wurde. Aber dann bremsten Armverletzungen seine Karriere lange ein. Sieben Jahre Geduld waren schließlich Gold wert: Der Finne gewann in Sevilla den Titel im Speerwerfen. 89,52 Meter weit flog das elegante Sportgerät im fünften Versuch – eine Runde stand noch aus. Parviainen: »Mir war bewußt, daß die anderen beiden Medaillengewinner noch weiter werfen konnten, deswegen konnte ich an meinen Sieg wirklich erst nach dem letzten Wurf glauben.«
Kostas Gatsioudis mühte sich vergeblich, seinen bis dahin weitesten Wurf aus dem ersten Versuch doch noch zu übertreffen. 89,18 Meter reichten immerhin für die Silbermedaille. Aber so recht wußte der griechische WM-Dritte von Athen '97 nicht, ob er sich eher freuen oder eher enttäuscht sein sollte: »Meine Gefühle sind gemischt. Das Resultat ist sehr gut, aber ich kam als Favorit zur WM. Na, das macht mich wenigstens auf Sydney so richtig hungrig. Bronze in Athen, Silber in Sevilla – ich denke, in Sydney ist die Zeit für die Goldmedaille reif.«
Und so kam es, daß der Weltrekordhalter mit Bronze glücklicher war als der Silbermedaillengewinner. Jan Zeleznys Karriere schien nach einer sehr langen Verletzungspause und einer schwierigen Operation schon fast zu Ende. Aber der 33jährige Tscheche will sich die Zeit für ein gesundes Comeback nehmen: »Ich leide immer noch unter dem letzten Jahr. Aber ich weiß, daß ich wieder nach oben komme und meine besten Jahre noch vor mir habe. Diese Medaille heute kommt mir vor wie ein Wunder.«

Entschlußfreudig: Aki Parviainen
Aki Parviainen (Finnland), geboren am 26. Oktober 1974 in Helsinki.
Maße: 1,91 m, 96 kg.
Größte Erfolge: Junioren-Weltmeister 1992, WM-Achter 1997, EM-Neunter 1998.
Champion-Spruch: »Als ich mir den Platz im Endkampf der letzten drei Runden gesichert hatte, beschloß ich, daß ich hier nicht ohne eine Medaille weggehen würde.«

In der Weltspitze dabei: Mit einem respektablen fünften Platz (85,92 Meter) spielte Raymond Hecht im Konzert der weltbesten Speerwerfer mit. Sein Teamkollege Boris Henry aus Saarbrücken wurde Sechster.

Kein Wunder gelang den deutschen Speerwerfern, aber Raymond Hecht aus Magdeburg (85,92 m) und Boris Henry aus Saarbrücken (85,43) hielten sich auf den Plätzen fünf und sechs wacker im Weltklasse-Feld. Hecht, letztes Jahr Bronzemedaillengewinner bei den Europameisterschaften, war »einigermaßen zufrieden« – und Henry war nach einer Serie kleinerer Blessuren wohlbehalten auf dem gleichen Platz gelandet wie 1997 bei der WM in Athen.

Speerwerfen Männer

WR: Jan Zelezny (Tschechien) 98,48 m (1996)

Finale am 29. August 1999

1. Aki Parviainen (Finnland) 89,52 m
2. Kostas Gatsioudis (Griechenland) 89,18
3. Jan Zelezny (Tschechien) 87,67

Nur einer kam durch: Nach den verletzungsbedingten Ausfällen von Frank Busemann und Klaus Isekenmeier war der Berliner David Mewes der einzige im Wettbewerb verbliebene DLV-Zehnkämpfer. Mit Rang neun und 8089 Punkten lieferte der 22jährige bei seiner WM-Premiere einen starken Wettkampf ab.

Männer: Zehnkampf

Zehnkampf-Leidensgeschichte: Der nach einer überstandenen Verletzung sehr zuversichtliche Frank Busemann (kleine Bilder) zog sich bereits beim Einlaufen vor der ersten Disziplin erneut eine schmerzhafte Blessur zu, quälte sich trotzdem über die 100-Meter-Sprintstrecke – und sah wenig später ein, daß eine Fortsetzung des Wettkampfs keinen Sinn mehr hatte. Beim Hochsprung erwischte es dann auch Klaus Isekenmeier (großes Bild): Eine Stauchung der Lendenwirbelsäule zwang den Salzkottener zur Aufgabe.

Nur Gold zählte: Tomas Dvorak
Tomas Dvorak (Tschechien), geboren am 11. Mai 1972 in Zlin.
Maße: 1,86 m, 85 kg.
Größte Erfolge: Weltmeister 1997, Olympia-Dritter 1996, Weltrekordhalter seit 1999 (8994 Punkte).
Champion-Spruch: »An den Weltrekord habe ich keinen Gedanken verschwendet.«

Männer: Zehnkampf

Dvorak: Der Täter war kein Schurke ...

Ein guter Krimi ist nicht deswegen spannend, weil man den Schurken erst ganz zum Schluß entlarvt, sondern weil viele ineinandergreifende, dramatische und traumhafte Handlungsstränge eine Geschichte erzählen, die unberechenbar, verrückt und kurzweilig ist. So ist der Zehnkampf auch. Nur, daß der Täter kein Schurke ist, sondern ein Held. Wie bei den besten Krimis kannte man den Täter in Sevilla von Anfang an: Niemand unter seinen Konkurrenten und keiner unter den Experten tippte auf einen anderen als auf den Tschechen Tomas Dvorak. Mit 8744 Punkten verteidigte der 27jährige aus Prag seinen Titel vor dem Briten Dean Macey und dem Amerikaner Chris Huffins. Mit großer Gelassenheit und viel Selbstbewußtsein überstand der sympathische Athlet, der seine Augen gerne hinter einer schmalen, spiegelnden Sonnenbrille versteckt, sogar die Krise am Stabhochsprung. Nur 4,60 Meter meisterte er dort, aber am Titelgewinn zweifelte er nie. Dvorak: »Ich machte mir nie wirklich Sorgen wegen der Konkurrenten. Ich wußte: Wenn ich eine gute Serie mache, gewinne ich. Mein einziges wirkliches Problem war tatsächlich der Stabhochsprung, weil ich einen verletzten Finger habe.«

Das einzige Problem löste er mit anderen guten Leistungen, doch nur in einer Disziplin konnte er sich gegenüber seinem Weltrekord (8994 Punkte) verbessern: Im Weitsprung setzte er mit 7,98 Metern im Vergleich zum Wettkampf in Prag im Juli (7,90) eine neue persönliche Bestmarke. All jene Gemüter, die heißblütig phantasiert hatten, daß Dvorak sich noch ein paar Kräfte für Sevilla aufgespart habe, um dort die 9000-Punkte-Barriere zu überwinden und zusätzliche 100 000 Dollar für einen neuen Weltrekord einzuheimsen, kühlte er rasch mit sachlichem Verstand ab: »Es ist viel zu heiß, um hier einen Weltrekord anzugehen. Bei der WM zählt für mich nur der Sieg.«

Weltrekordhalter und Weltmeister: Der als Favorit gehandelte Thomas Dvorak (rechts, mit dem Amerikaner Dan Steele) setzte sich im Zehnkampf mit 8744 Punkten erwartungsgemäß vor dem Briten Dean Macey und dem US-Amerikaner Chris Huffins durch.

Busemann in der tragischen Rolle

Was hätte Frank Busemann dafür gegeben, wenn er wenigstens den Versuch unternehmen hätte können. Aber dieser Zehnkampf hatte eine tragische und keine Heldenrolle für ihn parat. Nach zwei Stunden und zwei Disziplinen trat der deutsche Mannschaftsarzt Karl-Heinz Graff in offizieller Funktion vor die Medien und sagte: »Frank Busemann wird den Wettkampf nicht fortsetzen.« Über das Befinden des Patienten war jedes weitere Wort überflüssig: »Frank ist am Boden zerstört.«

Noch vor dem Start zum 100-Meter-Lauf, der ersten Disziplin, war es passiert: Beim Probestart zog und knallte plötzlich etwas im linken Oberschenkel. Er startete dennoch – in 10,87 Sekunden zum Auftakt und mit 7,60 Metern im Weitsprung. Von oben signalisierten Bundestrainer Claus Marek und sein Vater Franz-Josef Busemann schon verzweifelt, daß es genug sei. Aber Frank wollte nicht hören. »Soll ich übern Zaun klettern und ihn rausziehen?« fragte der Papa mit Galgenhumor, doch da war der eiserne Sprößling schon vom eigenen Körper überzeugt worden: Es ging nicht weiter. Kreuzunglücklich schlich der Olympia-Zweite von Atlanta aus dem Stadion. Denn er hatte sich topfit gefühlt, war blendend in Form – und so heiß auf den Wettkampf, nachdem er geduldig über Monate hinweg sein chronisches Hüftleiden in den Griff bekommen hatte und sich auf den bevorstehenden Gipfelsturm freute. »Wenn ich hier alleine wäre, ohne Familie und Betreuer, dann würde ich gleich rauskriechen zum Kugelstoßen«, feixte Busemann im Gehen. Aber so witzig, wie er wollte, klang das gar nicht – eher nach einem Kern Wahrheit.

Die in einer ersten Untersuchung diagnostizierte »strangartige Muskelverhärtung« entpuppte sich später bei genauerem Hinsehen als Muskelbündelriß, der wieder eine Trainingspause verlangte. Aber da hatte Busemann schon längst wieder Mut gefaßt für neue Taten: »In Sevilla hatte ich einfach Pech. Aber das ganze Jahr hat mir gezeigt, daß meine Probleme in den Griff zu kriegen sind. Für die Olympischen Spiele in Sydney bin ich sehr optimistisch.«

Ohne Optimismus kommt kein Zehnkämpfer über den Berg der aufzutürmenden Punkte. Vize-Weltmeister Dean Macey beispielsweise holte in Sevilla das Erfolgserlebnis nach, das ihm kurz vor der WM bei den Junioren-Europameisterschaften U 23 in Göteborg versagt geblieben war: »Nach meinen Problemen in Göteborg habe ich mir gesagt: Okay, geh' nach Sevilla und spiel' dort ein bißchen mit den großen Jungs.«

Unter den großen Jungs spielte auch David Mewes sein Debütanten-Stück bei der WM ausgezeichnet. Mit 8089 Punkten belegte der 22jährige Berliner in seinem nach eigener Aussage »schönsten, aber auch schwersten Zehnkampf« einen sehr guten neunten Platz. Mewes hatte zwar auf den Tribünen mit Vater, Bruder, Nachbarin und einigen Schulfreunden einen eigenen Fanclub zur Unterstützung sitzen, aber in der Arena mußte er sich ohne kameradschaftliche Hilfe aus der eigenen Mannschaft durchkämpfen. Denn nach Frank Busemann mußte auch Klaus Isekenmeier den Wettbewerb vorzeitig beenden. Der Salzkottener zog sich beim Hochsprung eine schwere Stauchung im Lendenwirbelbereich zu. Betrübt packte auch er die Tasche erst, nachdem der Schmerz den Willen zum Weitermachen gebrochen hatte. Manchmal gehört mehr Mut zum Aufhören.

Verpokert: Der amtierende Europameister Erki Nool aus Estland hatte bis zum Stabhochsprung einen ordentlichen Auftritt und stand vor Beginn seiner Spezialdisziplin auf dem vierten Rang. Dann scheiterte er jedoch an seiner Anfangshöhe von 5,10 Metern und fiel bis zum Schluß auf Platz 14 zurück.

Zehnkampf Männer

WR: Tomas Dvorak (Tschechien) 8994 Punkte (1999)

Finale am 24./25. August 1999

1. Tomas Dvorak (Tschechien) 8744 Punkte
   (100 m: 10,60 Sek. – Weitsprung: 7,98 m – Kugelstoßen: 16,49 m – Hochsprung: 2,00 m – 400 m: 48,42 Sek. – 110 m Hürden: 13,75 Sek. – Diskuswerfen: 46,26 m – Stabhochsprung: 4,60 m – Speerwerfen: 70,11 m – 1500 m: 4:39,87 Min.)
2. Dean Macey (Großbritannien) 8556 (PB)
   (10,69 – 7,48 – 15,14 – 2,12 – 46,72 – 14,35 – 43,78 – 4,60 – 64,03 – 4:29,31)
3. Chris Huffins (USA) 8547
   (10,43 – 7,67 – 15,67 – 2,00 – 49,04 – 13,98 – 49,48 – 4,80 – 64,35 – 4:53,83)

Statistik

Leichtathletik-WM 1999 in Sevilla

(21. bis 29. August 1999)

FRAUEN

WR = Weltrekord, KR = Kontinentalrekord, NR = Landesrekord, PB = Persönliche Bestleistung; Std. = Stunden, Sek. = Sekunden, Min. = Minuten, m = Meter

100 m (WR: 10,49 Sek.)

1. Marion Jones (USA) 10,70 Sek.
2. Inger Miller (USA) 10,79 (PB)
3. Ekaterini Thanou (Griechenland) 10,84
4. Zhanna Tarnopolskaja-Pintusewitsch (Ukraine) 10,95
5. Gail Devers (USA) 10,95
6. Christine Arron (Frankreich) 10,97
7. Chandra Sturrup (Bahamas) 11,06
8. Mercy Nku (Nigeria) 11,16

Im Halbfinale ausgeschieden: Andrea Philipp (Dortmund) 11,27; im Zwischenlauf ausgeschieden: Marion Wagner (Mainz) 11,51; im Vorlauf ausgeschieden: Gabriele Rockmeier (Dortmund) 11,62

200 m (WR: 21,34 Sek.)

1. Inger Miller (USA) 21,77 Sek.
2. Beverley McDonald (Jamaika) 22,22 (PB)
3. Andrea Philipp (Dortmund) 22,26 und
   Merlene Frazer (Jamaika) 22,26
5. Debbie Ferguson (Bahamas) 22,28
6. Fatima Yusuf (Nigeria) 22,42
7. Lauren Hewitt (Australien) 22,53 (PB)
8. Juliet Campbell (Jamaika) 22,64

Im Viertelfinale ausgeschieden: Esther Möller (Dortmund) 22,85 (PB); Sabrina Mulrain (Duisburg) 22,90

400 m (WR: 47,60 Sek.)

1. Cathy Freeman (Australien) 49,67 Sek.
2. Anja Rücker (Jena) 49,74 (PB)
3. Lorraine Graham (Jamaika) 49,92 (PB)
4. Falilat Ogunkoya (Nigeria) 50,03
5. Katharine Merry (Großbritannien) 50,52
6. Natalja Nazarowa (Rußland) 50,61
7. Grit Breuer (Magdeburg) 50,67
8. Olga Kotljarowa (Rußland) 50,72

Im Viertelfinale ausgeschieden: Uta Rohländer (Halle/Saale) 51,45

4 x 100 m (WR: 41,37 Sek.)

1. Bahamas 41,92 Sek. (Sevatheda Fynes, Chandra Sturrup, Pauline Davis-Thomson, Debbie Ferguson)
2. Frankreich 42,06 (NR) (Patricia Girard, Muriel Hurtis, Katia Benth, Christine Arron)
3. Jamaika 42,15 (Allen Bailey, Merlene Frazer, Beverly McDonald, Peta-Gaye Dowdie)
4. USA 42,30
5. Deutschland (Andrea Philipp, Gabriele Rockmeier, Esther Möller, Marion Wagner) 42,63
6. Kanada 43,39
7. Polen 43,51
8. Großbritannien 43,52

4 x 400 m (WR 3:15,17 Min.)

1. Rußland 3:21,98 Min. (Tatjana Chebykina, Swetlana Gontscharenko, Olga Kotljarowa, Natalja Nasarowa)
2. USA 3:22,09 (Suziann Reid, Maicel Malone-Wallace, Michele Collins, Jearl Miles-Clark)
3. Deutschland 3:22,43 (Anke Feller, Uta Rohländer, Anja Rücker, Grit Breuer)
4. Tschechien 3:23,82
5. Jamaika 3:24,83
6. Australien 3:28,04
7. Kuba 3:29,19
8. Italien 3:29,56

800 m (WR: 1:53,28 Min.)

1. Ludmila Formanova (Tschechien) 1:56,68 Min.
2. Maria Mutola (Mosambik) 1:56,72
3. Swetlana Masterkowa (Rußland) 1:56,93
4. Jearl Miles-Clark (USA) 1:57,40
5. Natalja Tsyganowa (Rußland) 1:57,81
6. Natalja Gorelowa (Rußland) 1:57,90 (PB)
7. Stephanie Graf (Österreich) 1:57,92
8. Natalja Duchnowa (Weißrußland) 1:58,69

Im Halbfinale ausgeschieden: Linda Kisabaka (Leipzig) 2:00,81, Claudia Gesell (Fürth/München) 2:01,24

1500 m (WR: 3:50,46 Min.)

1. Swetlana Masterkowa (Rußland) 3:59,53 Min.
2. Regina Jacobs (USA) 4:00,35 (PB)
3. Kutre Dulecha (Äthiopien) 4:00,96
4. Violeta Beclea (Rumänien) 4:00,98
5. Carla Sacramento (Portugal) 4:01,29
6. Elena Buhaianu (Rumänien) 4:04,27 (PB)
7. Anna Jakubczak (Polen) 4:04,40
8. Ana Amelia Menendez (Spanien) 4:04,72

5000 m (WR: 14:28,09 Min.)

1. Gabriela Szabo (Rumänien) 14:41,82 Min.
2. Zahra Ouaziz (Marokko) 14:43,15
3. Ayelech Worku (Äthiopien) 14:44,22 (PB)
4. Irina Mikitenko (Frankfurt) 14:50,17 (NR)
5. Yelena Kopytova-Kavaklioglu (Türkei) 14:51,69 (NR)
6. Julia Vaquero (Spanien) 14:56,00
7. Marija Pantjuchowa (Rußland) 14:58,60 (PB)
8. Yamna Oubouhou-Belkacem (Frankreich) 15:03,47 (NR)

10 000 m (WR: 29:31,78 Min.)

1. Gete Wami (Äthiopien) 30:24,56 Min.
2. Paula Radcliffe (Großbritannien) 30:27,13 (NR)
3. Tegla Loroupe (Kenia) 30:32,03 (NR)
4. Harumi Hiroyama (Japan) 31:26,84
5. Chiemi Takahashi (Japan) 31:27,62
6. Merima Hashim (Äthiopien) 31:32,06 (PB)
7. Berhane Adere (Äthiopien) 31:32,51 (PB)
8. Teresa Recio (Spanien) 31:43,80 (PB)

Marathon (WR: 2:20:47 Std.)

1. Song-Ok Jong (Nordkorea) 2:26:59 Std. (NR)
2. Ari Ichihashi (Japan) 2:27:02 (PB)
3. Lidia Simon (Rumänien) 2:27:41
4. Fatuma Roba (Äthiopien) 2:28:04
5. Elfenesh Alemu (Äthiopien) 2:28:52 (PB)
6. Sonja Oberem (Leverkusen) 2:28:55
7. Manuela Machado (Portugal) 2:29:11
8. Kayoko Obata (Japan) 2:29:11
9. Claudia Dreher (Riesa) 2:29:22
22. Manuela Veith (Ludwigshafen) 2:37:24
24. Anke Laws (Cottbus) 2:38:57

20 km Gehen (WR: 1:27:30 Std.)

1. Hongyu Liu (China) 1:30:50 Std.
2. Yan Wang (China) 1:30:52
3. Kerry Saxby-Junna (Australien) 1:31:18
4. Susana Feitor (Portugal) 1:31:23
5. Katarzyna Radtke (Polen) 1:31:34
6. Erica Alfridi (Italien) 1:32:04
7. Jane Saville (Australien) 1:32:13
8. Maja Sazonowa (Kasachstan) 1:32:19
33. Melanie Seeger (Potsdam) 1:40:51

100 m Hürden (WR: 12,21 Sek.)

1. Gail Devers (USA) 12,37 Sek.
2. Glory Alozie (Nigeria) 12,44 (KR)
3. Ludmila Engquist (Schweden) 12,47 (NR)
4. Olga Schischigina (Kasachstan) 12,51
5. Swetla Dimitrowa (Bulgarien) 12,75
6. Dionne Rose (Jamaika) 12,80
7. Delloreen Ennis-London (Jamaika) 12,87
8. Patricia Girard (Frankreich) 12,97

Im Viertelfinale ausgeschieden: Kirsten Bolm (Scheeßel) 13,11

400 m Hürden (WR: 52,61 Sek.)

1. Daimi Pernia (Kuba) 52,89 Sek.
2. Nezha Bidouane (Marokko) 52,90 (KR)
3. Deon Hemmings (Jamaika) 53,16
4. Andrea Blackett (Barbados) 53,36 (NR)
5. Sandra Cummings-Glover (USA) 53,65 (PB)
6. Michelle Johnson (USA) 54,23
7. Tetjana Tereschtschuk-Antipowa (Ukraine) 54,33
8. Debbie-Ann Parris (Jamaika) 56,24

Im Halbfinale ausgeschieden: Ulrike Urbansky (Magdeburg) 55,81

Dreisprung (WR: 15,50 m)

1. Paraskevi Tsiamita (Griechenland) 14,88 m
2. Yamile Aldama (Kuba) 14,61
3. Olga-Anastasia Vasdeki (Griechenland) 14,61
4. Tatjana Lebedewa (Rußland) 14,55
5. Iwa Prandshewa (Bulgarien) 14,54
6. Sarka Kasparkova (Tschechien) 14,54
7. Jelena Goworowa (Ukraine) 14,47
8. Cristina Nicolau (Rumänien) 14,38

Hochsprung (WR: 2,09 m)

1. Inga Babakowa (Ukraine) 1,99 m
2. Jelena Jelesina (Rußland) 1,99
3. Swetlana Lapina (Rußland) 1,99 (PB)
4. Kajsa Bergqvist (Schweden) 1,96 und Zuzana Kovacikova-Hlavonova (Tschechien) 1,96 und Tisha Waller (USA) 1,96
7. Wiktoria Styopina (Ukraine) 1,96 (PB)
8. Swetlana Salewskaja (Kasachstan) 1,93
13. Amewu Mensah (Leverkusen) an Anfangshöhe (1,85 m) im Finale gescheitert

Stabhochsprung (WR: 4,60 m)

1. Stacy Dragila (USA) 4,60 m (WR egalisiert)
2. Anshela Balachonowa (Ukraine) 4,55 (KR egalisiert)
3. Tatjana Grigorjewa (Australien) 4,45
4. Zsuzsanna Szabo (Ungarn) 4,40 (NR)
5. Nicole Humbert (Landau) 4,40
6. Pawla Hamackova (Tschechien) 4,40 (PB) und Daniela Bartova (Tschechien) 4,40
8. Jelena Beljakowa (Rußland) 4,35
14. Yvonne Buschbaum (Stuttgart) 4,15

Ohne gültigen Versuch: Nastja Ryshich (Zweibrücken)

Weitsprung (WR: 7,52 m)

1. Niurka Montalvo (Spanien) 7,06 m (NR)
2. Fiona May (Italien) 6,94
3. Marion Jones (USA) 6,83
4. Ljudmila Galkina (Rußland) 6,82
5. Joanne Wise (Großbritannien) 6,75
6. Dawn Burrell (USA) 6,74
7. Susen Tiedtke (Chemnitz) 6,68
8. Maurren Higa Maggi (Brasilien) 6,68

Kugelstoßen (WR: 22,63 m)

1. Astrid Kumbernuss (Neubrandenburg) 19,85 m
2. Nadine Kleinert (Magdeburg) 19,61 (PB)
3. Swetlana Kriweljowa (Rußland) 19,43
4. Janina Koroltschik (Weißrußland) 19,17
5. Xiaoyan Cheng (China) 18,67
6. Yumileidi Cumba (Kuba) 18,44
7. Walentina Fedjuschina (Österreich) 18,17
8. Krystyna Zabawska (Polen)18,12 m

Diskuswerfen (WR: 76,80 m)

1. Franka Dietzsch (Neubrandenburg) 68,14 m
2. Anastasia Kelesidou (Griechenland) 66,05
3. Nicoleta Grasu (Rumänien) 65,35
4. Natalja Sadowa (Rußland) 64,98
5. Beatrice Faumuina (Neuseeland) 64,62
6. Seilala Sua (USA) 63,73
7. Jelena Antonowa (Ukraine) 63,61
8. Stella Tsikouna (Griechenland) 63,43
12. Anja Möllenbeck (Magdeburg) 59,48

Hammerwerfen (WR: 76,07 m)

1. Mihaela Melinte (Rumänien) 75,20 m
2. Olga Kusenkowa (Rußland) 72,56
3. Lisa Misipeka (Amerikanisch-Samoa) 66,06
4. Katalin Divos (Ungarn) 65,86
5. Debbie Sosimenko (Australien) 65,52
6. Ludmila Gubkina (Weißrußland) 65,44
7. Simone Mathes (Leverkusen) 64,93
8. Kirsten Münchow (Fürth/München) 64,03
15. Manuela Priemer (Wiesau) 61,99

Speerwerfen (WR: 80,00 m)

1. Mirela Manjani-Tzelili (Griechenland) 67,09 m (PB)
2. Tatjana Schikolenko (Rußland) 66,37 (PB)
3. Trine Solberg-Hattestad (Norwegen) 66,06
4. Osleidys Menendez (Kuba) 64,61
5. Louise McPaul-Currey (Australien) 64,38
6. Sonia Bicet Poll (Kuba) 63,52 (PB)
7. Jianhua Wei (China) 62,97 (KR)
8. Oksana Owschinnikowa-Makarowa (Rußland) 62,67

Im Vorkampf ausgeschieden: Karen Forkel (Halle) 54,65; in der Qualifikation ausgeschieden: Steffi Nerius (Leverkusen) 58,43

Siebenkampf (WR 7291 Punkte)

1. Eunice Barber (Frankreich) 6861 Punkte (PB) (100 m Hürden: 12,89 Sek. – Hoch: 1,93 m – Kugel: 12,37 m – 200 m: 23,57 Sek. – Weit: 6,86 m – Speer: 49,88 m – 800 m: 2:15,65 Min.)
2. Denise Lewis (Großbritannien) 6724 (13,61 – 1,87 – 16,12 – 24,26 – 6,64 – 47,44 – 2:16,87)
3. Ghada Shouaa (Syrien) 6500 (14,21 – 1,81 – 15,76 – 24,26 – 6,04 – 54,82 – 2:16,20)
4. Sabine Braun (Wattenscheid) 6497 (13,39 – 1,81 – 14,67 – 24,33 – 6,17 – 51,59 – 2:17,43)
5. Tiia Hautala (Finnland) 6369 (PB)
6. Karin Specht-Ertl (Fürth/München) 6317 (13,83 – 1,84 – 13,28 – 24,12 – 6,25 – 45,07 – 2:16,08)
7. Urszula Wlodarczyk (Polen) 6287
8. Remigija Nazarowiene (Litauen) 6262

MÄNNER

100 m (WR: 9,79 Sek.)

1. Maurice Greene (USA) 9,80 Sek.
2. Bruny Surin (Kanada) 9,84 (NR)
3. Dwain Chambers (Großbritannien) 9,97 (PB)
4. Obadele Thompson (Barbados) 10,00
5. Tim Harden (USA) 10,02
6. Tim Montgomery (USA) 10,04
7. Jason Gardener (Großbritannien) 10,07
8. Kareem Streete-Thompson (Cayman Islands) 10,24

200 m (WR: 19,32 Sek.)

1. Maurice Greene (USA) 19,90 Sek.
2. Claudinei Quirino da Silva (Brasilien) 20,00 (PB)
3. Francis Obikwelu (Nigeria) 20,11
4. Obadele Thompson (Barbados) 20,23
5. Marcin Urbas (Polen) 20,30
6. Kevin Little (USA) 20,37
7. Julian Golding (Großbritannien) 20,48

Im Endlauf wegen Verletzung nicht angetreten: Frank Fredericks (Namibia); im Halbfinale (verletzt) ausgeschieden: Stefan Holz (Sindelfingen) 21,89

400 m (WR: 43,29 Sek.)

1. Michael Johnson (USA) 43,18 Sek. (WR)
2. Sanderlei Claro Parrela (Brasilien) 44,29 (KR)
3. Alejandro Cardenas (Mexiko) 44,31 (NR)
4. Jerome Young (USA) 44,36
5. Antonio Pettigrew (USA) 44,54
6. Mark Richardson (Großbritannien) 44,65
7. Gregory Haughton (Jamaika) 45,07
8. Jamie Baulch (Großbritannien) 45,18

4 x 100 m (WR: 37,40 Sek.)

1. USA 37,59 Sek. (Jon Drummond, Tim Montgomery, Brian Lewis, Maurice Greene)
2. Großbritannien 37,73 (KR) (Jason Gardener, Darren Campbell, Marlon Devonish, Dwain Chambers)
3. Nigeria 37,91 (KR) (Innocent Asonze, Francis Obikwelu, Daniel Effiong, Deji Aliu)
4. Brasilien 38,05 (KR)
5. Kuba 38,63
6. Polen 38,70
7. Südafrika 38,74 (NR)
8. Ungarn 38,83

Im Vorlauf ausgeschieden: Deutschland (Marc Blume, Christian Schacht, Holger Blume, Michael Huke) 38,84

4 x 400 m (WR: 2:54,20 Min.)

1. USA 2:56,45 Min. (Jerome Davis, Antonio Pettigrew, Angelo Taylor, Michael Johnson)
2. Polen 2:58,91 (Tomasz Czubak, Robert Mackowiak, Jacek Bocian, Piotr Haczek)
3. Jamaika 2:59,34 (Michael McDonald, Gregory Haughton, Danny McFarlane, Davian Clarke)
4. Südafrika 3:00,20 (NR)
5. Frankreich 3:00,59
6. Rußland 3:00,98
7. Bahamas 3:02,74
8. Senegal 3:03,80

Im Vorlauf ausgeschieden: Deutschland (Maik Liebe, Marco Krause, Ruwen Faller, Thomas Goller) 3:02,68

800 m (WR: 1:41,11 Min.)

1. Wilson Kipketer (Dänemark) 1:43,30 Min.
2. Hezekiel Sepeng (Südafrika) 1:43,32
3. Djabir Said-Guerni (Algerien) 1:44,18 (NR)
4. Norberto Tellez (Kuba) 1:45,03
5. Japhet Kimutai (Kenia) 1:45,18
6. Andrea Longo (Italien) 1:45,33
7. Kennedy Kimwetich (Kenia) 1:46,27
8. Nils Schumann (Deutschland) 1:46,79

Im Halbfinale ausgeschieden: Nico Motchebon (Fürth/München) 1:47,17

1500 m (WR: 3:26,00 Min.)

1. Hicham El Guerrouj (Marokko) 3:27,65 Min.
2. Noah Ngeny (Kenia) 3:28,73 (NR)
3. Reyes Estevez (Spanien) 3:30,57 (PB)
4. Fermin Cacho (Spanien) 3:31,34
5. Andres Diaz (Spanien) 3:31,83 (PB)
6. Laban Rotich (Kenia) 3:33,32
7. David Lelei (Kenia) 3:33,82
8. Driss Maazouzi (Frankreich) 3:34,02

Im Halbfinale ausgeschieden: Rüdiger Stenzel (Wattenscheid) 3:39,87; im Vorlauf ausgeschieden: Dirk Heinze (Großengottern) 3:43,44

5000 m (WR: 12:39,36 Min.)

1. Salah Hissou (Marokko) 12:58,13 Min.
2. Benjamin Limo (Kenia) 12:58,72
3. Mohammed Mourhit (Belgien) 12:58,80
4. Brahim Lahlafi (Marokko) 12:59,09 (PB)
5. Daniel Komen (Kenia) 13:04,71
6. Fita Bayissa (Äthiopien) 13:13,86
7. Hailu Mekonnen (Äthiopien) 13:18,97
8. Million Wolde (Äthiopien) 13:20,81

10 000 m (WR: 26:22,75 Min.)

1. Haile Gebrselassie (Äthiopien) 27:57,27 Min.
2. Paul Tergat (Kenia) 27:58,56
3. Assefa Mezgebu (Äthiopien) 27:59,15
4. Girma Tolla (Äthiopien) 28:02,08
5. Antonio Pinto (Portugal) 28:03,42
6. Habte Jifar (Äthiopien) 28:08,82
7. Benjamin Maiyo (Kenia) 28:14,98
8. Kamiel Maase (Niederlande) 28:15,58

Marathon (WR: 2:06:05 Std.)

1. Abel Anton (Spanien) 2:13:36 Std.
2. Vincenzo Modica (Italien) 2:14:03
3. Nobuyuki Sato (Japan) 2:14:07
4. Luis Novo (Portugal) 2:14:27
5. Danilo Goffi (Italien) 2:14:50
6. Atsushi Fujita (Japan) 2:15:45
7. Koji Shimizu (Japan) 2:15:50
8. Martin Fiz (Spanien) 2:16:17

20 km Gehen (WR: 1:17:25 Std.)

1. Ilja Markow (Rußland) 1:23:34 Std.
2. Jefferson Perez (Ecuador) 1:24:19
3. Daniel Garcia (Mexiko) 1:24:31
4. Li Zewen (China) 1:24:43
5. Alessandro Gandellini (Italien) 1:24:51
6. Igor Kollar (Slowakei) 1:25:15
7. Nathan Deakes (Australien) 1:25:26
8. Giovanni de Benedictis (Italien) 1:25:33

Ausgeschieden: Andreas Erm (Berlin)

50 km Gehen (WR: 3:27:41 Std.)

1. German Skurygin (Rußland) 3:44:23 Std.
2. Ivano Brugnetti (Italien) 3:47:54 (PB)
3. Nikolai Matjuchin (Rußland) 3:48:18
4. Curt Clausen (USA) 3:50:55
5. Valenti Massana (Spanien) 3:51:55
6. Robert Ihly (Offenburg) 3:53:47
7. Arturo Di Mezza (Italien) 3:53:50
8. Craig Barrett (Neuseeland) 3:54:38
25. Denis Franke (Fürth/München) 4:10:16

Disqualifiziert: Denis Trautmann (Gleina)

110 m Hürden (WR: 12,91 Sek.)

1. Colin Jackson (Großbritannien) 13,04 Sek.
2. Anier Garcia (Kuba) 13,07 (NR)
3. Duane Ross (USA) 13,12 (PB)
4. Tony Dees (USA) 13,22
5. Falk Balzer (Jena) 13,26
6. Yoel Hernandez (Kuba) 13,30
7. Florian Schwarthoff (Ludwigshafen) 13,39
8. Jonathan N'Senga (Belgien) 13,54

Im Viertelfinale ausgeschieden: Ralf Leberer (Ulm) 13,54

400 m Hürden (WR: 46,78 Sek.)

1. Fabrizio Mori (Italien) 47,72 Sek.
2. Stéphane Diagana (Frankreich) 48,12
3. Marcel Schelbert (Schweiz) 48,13 (NR)
4. Eronilde Nunes De Araujo (Brasilien) 48,13
5. Pawel Januszewski (Polen) 48,19
6. Joey Woody (USA) 48,77
7. Dinsdale Morgan (Jamaika) 48,92
8. Torrance Zellner (USA) 49,06

Im Halbfinale ausgeschieden: Thomas Goller (Dresden) 49,89

3000 m Hindernis (WR: 7:55,72 Min.)

1. Christopher Koskei (Kenia) 8:11,76 Min.
2. Wilson Boit Kipketer (Kenia) 8:12,09
3. Ali Ezzine (Marokko) 8:12,73
4. Damian Kallabis (Berlin) 8:13,11
5. Bernard Barmasai (Kenia) 8:13,51
6. Eliseo Martin (Spanien) 8:16,09
7. Paul Kosgei (Kenia) 8:17,55
8. Florin Ioncescu (Rumänien) 8:18,17

Im Vorlauf ausgeschieden: Christian Knoblich (Fürth/München) 8:33,03

Dreisprung (WR: 18,29 m)

1. Charles Friedek (Leverkusen) 17,59 m
2. Rostislav Dimitrov (Bulgarien) 17,49 (PB)
3. Jonathan Edwards (Großbritannien) 17,48
4. Andrew Murphy (Australien) 17,32
5. Paolo Camossi (Italien) 17,29 (NR)
6. Carter LaMark Carter (USA) 17,10
7. Jerome Romain (Frankreich) 17,10
8. Jiri Kuntos (Tschechien) 17,00

Hochsprung (WR: 2,45 m)

1. Wjatscheslaw Woronin (Rußland) 2,37 m
2. Mark Boswell (Kanada) 2,35 (NR)
3. Martin Buß (Berlin) 2,32
4. Dragutin Topic (Jugoslawien) 2,32
5. Staffan Strand (Schweden) 2,29
6. Jin-Taek Lee (Korea) 2,29 und Kwaku Boateng (Kanada) 2,29 (PB)
8. Charles Austin (USA) 2,29 und Brendan Reilly (Irland) 2,29 (NR)

In der Qualifikation ausgeschieden: Wolfgang Kreißig (Mannheim) 2,26

Stabhochsprung (WR: 6,14 m)

1. Maksim Tarasow (Rußland) 6,02 m
2. Dmitriy Markow (Australien) 5,90
3. Alexander Awerbusch (Israel) 5,80 (NR)
4. Danny Ecker (Leverkusen) 5,70 und Nick Hysong (USA) 5,70
6. Tim Lobinger (Köln) 5,70
7. Michael Stolle (Leverkusen) 5,70 und Igor Potapowitsch (Kasachstan) 5,70

Weitsprung (WR: 8,95 m)

1. Ivan Pedroso (Kuba) 8,56 m
2. Yago Lamela (Spanien) 8,40
3. Gregor Cankar (Slowenien) 8,36
4. Jai Taurima (Australien) 8,35 (KR)
5. Shane Hair (Australien) 8,24 (PB)

Medaillenspiegel der Leichtathletik-WM 1999

	Gold	Silber	Bronze	Gesamt
USA	11	3	3	17
Rußland	6	3	4	13
Deutschland	4	4	4	12
Griechenland	2	2	2	6
Marokko	2	2	1	5
Kuba	2	2	0	4
Spanien	2	1	1	4
Äthiopien	2	0	3	5
Rumänien	2	0	2	4
Tschechien	2	0	1	3
Großbritannien	1	4	2	7
Kenia	1	4	1	6
Italien	1	3	0	4
Frankreich	1	2	0	3
Australien	1	1	2	4
Ukraine	1	1	2	4
China	1	1	0	2
Nordkorea	1	0	0	1
Bahamas	1	0	0	1
Finnland	1	0	0	1
Dänemark	1	0	0	1
Kanada	0	2	0	2
Brasilien	0	2	0	2
Jamaika	0	1	5	6
Nigeria	0	1	2	3
Japan	0	1	1	2
Ecuador	0	1	0	1
Ungarn	0	1	0	1
Mosambik	0	1	0	1
Bulgarien	0	1	0	1
Südafrika	0	1	0	1
Polen	0	1	0	1
Mexiko	0	0	2	2
Schweiz	0	0	1	1
Syrien	0	0	1	1
Amerikanisch-Samoa	0	0	1	1
Israel	0	0	1	1
Schweden	0	0	1	1
Norwegen	0	0	1	1
Slowenien	0	0	1	1
Belgien	0	0	1	1
Algerien	0	0	1	1

(Über 200 m der Frauen wurden zwei Bronzemedaillen vergeben)

6. Le Huang (China) 8,01
7. Kevin Dilworth (USA) 8,00
8. Younes Moudrik (Marokko) 7,99

In der Qualifikation ausgeschieden: Kofi Amoah Prah (Berlin) 7,86; Konstantin Krause (Ohra/Hörsel) 7,61

Kugelstoßen (WR: 23,12 m)

1. Cottrell John Hunter (USA) 21,79 m (PB)
2. Oliver-Sven Buder (Wattenscheid) 21,42
3. Alexander Bagatsch (Ukraine) 21,26
4. Andy Bloom (USA) 20,95
5. Juri Belonog (Ukraine) 20,60
6. Dragan Peric (Jugoslawien) 20,35
7. John Godina (USA) 20,35
8. Ville Tiisanoja (Finnland) 19,93

In der Qualifikation ausgeschieden: Gunnar Pfingsten (Mannheim) 19,47; Michael Mertens (Göttingen) 19,37

Diskuswerfen (WR: 74,08 m)

1. Anthony Washington (USA) 69,08 m
2. Jürgen Schult (Schwerin) 68,18
3. Lars Riedel (Chemnitz) 68,09
4. Virgilius Alekna (Litauen) 67,53
5. Waclawas Kidikas (Litauen) 65,05
6. Michael Möllenbeck (Wattenscheid) 64,90
7. Wladimir Dubrowtschik (Weißrußland) 64,00
8. Aleksander Borischewski (Rußland) 63,59

In der Qualifikation ausgeschieden: Andreas Seelig (Mainz) 62,57

Hammerwerfen (WR: 86,74 m)

1. Karsten Kobs (Dortmund) 80,24 m
2. Zsolt Nemeth (Ungarn) 79,05
3. Wladislaw Piskunow (Ukraine) 79,03
4. Tobor Gecsek (Ungarn) 78,95
5. Andrej Skwaruk (Ukraine) 78,80
6. Christos Polychroniou (Griechenland) 78,31
7. Nicola Vizzoni (Italien) 78,31
8. Wadim Khersontsew (Rußland) 76,96

In der Qualifikation ausgeschieden: Heinz Weis (Leverkusen) 74,71; Holger Klose (Frankfurt/Main) ohne gültigen Versuch

Speerwerfen (WR: 98,48 m)

1. Aki Parviainen (Finnland) 89,52 m
2. Kostas Gatsioudis (Griechenland) 89,18
3. Jan Zelezny (Tschechien) 87,67
4. Pal Arne Fagernes (Norwegen) 86,24 (NR)
5. Ramond Hecht (Magdeburg) 85,92
6. Boris Henry (Saarbrücken) 85,43
7. Emeterio Gonzalez (Kuba) 84,32 (NR)
8. Steve Backley (Großbritannien) 83,84

In der Qualifikation ausgeschieden: Peter Blank (Frankfurt) 80,89

Zehnkampf (WR: 8994 Punkte)

1. Tomas Dvorak (Tschechien) 8744 Punkte (100 m: 10,60 Sek. – Weitsprung: 7,98 m – Kugelstoßen: 16,49 m – Hochsprung: 2,00 m – 400 m: 48,42 Sek. – 110 m Hürden: 13,75 Sek. – Diskuswerfen: 46,26 m – Stabhochsprung: 4,60 m – Speerwerfen: 70,11 m – 1500 m: 4:39,87 Min.)
2. Dean Macey (Großbritannien) 8556 (PB) (10,69 – 7,48 – 15,14 – 2,12 – 46,72 – 14,35 – 43,78 – 4,60 – 64,03 – 4:29,31)
3. Chris Huffins (USA) 8547 (10,43 – 7,67 – 15,67 – 2,00 – 49,04 – 13,98 – 49,48 – 4,80 – 64,35 – 4:53,83)
4. Sebastien Levicq (Frankreich) 8524
5. Lew Lobodin (Rußland) 8494
6. Wilfried Boulineau (Frankreich) 8154
7. Henrik Dagard (Schweden) 8150
8. Dan Steele (USA) 8130
9. David Mewes (Berlin) 8089 (11,25 – 7,43 – 14,87 – 2,03 – 49,87 – 14,63 – 44,49 – 4,60 – 63,04 – 4:35,97)

Verletzt ausgeschieden: Frank Busemann (Dortmund), Klaus Isekenmeier (Salzkotten)

Die Leichtathletik-Weltmeister des Jahres 1999

Frauen

100 m	Marion Jones (USA)	10,70 Sek.
200 m	Inger Miller (USA)	21,77 Sek.
400 m	Cathy Freeman (Australien)	49,67 Sek.
4 x 100 m	Bahamas	41,92 Sek.
4 x 400 m	Rußland	3:21,98 Min.
800 m	Ludmila Formanova (Tschechien)	1:56,68 Min.
1500 m	Swetlana Masterkowa (Rußland)	3:59,53 Min.
5000 m	Gabriela Szabo (Rumänien)	14:41,82 Min.
10 000 m	Gete Wami (Äthiopien)	30:24,56 Min.
Marathon	Song-Ok Jong (Nordkorea)	2:26:59 Std.
20 km Gehen	Hongyu Liu (China)	1:30:50 Std.
100 m Hürden	Gail Devers (USA)	12,37 Sek.
400 m Hürden	Daimi Pernia (Kuba)	52,89 Sek.
Hochsprung	Inga Babakowa (Ukraine)	1,99 m
Stabhochsprung	Stacy Dragila (USA)	4,60 m
Weitsprung	Niurka Montalvo (Spanien)	7,06 m
Dreisprung	Paraskevi Tsiamita (Griechenland)	14,88 m
Kugelstoßen	Astrid Kumbernuss (Neubrandenburg)	19,85 m
Diskuswerfen	Franka Dietzsch (Neubrandenburg)	68,14 m
Hammerwerfen	Mihaela Melinte (Rumänien)	75,20 m
Speerwerfen	Mirela Manjani-Tzelili (Griechenland)	67,09 m
Siebenkampf	Eunice Barber (Frankreich)	6861 Punkte

Männer

100 m	Maurice Greene (USA)	9,80 Sek.
200 m	Maurice Greene (USA)	19,90 Sek.
400 m	Michael Johnson (USA)	43,18 Sek.
4 x 100 m	USA	37,59 Sek.
4 x 400 m	USA	2:56,45 Min.
800 m	Wilson Kipketer (Dänemark)	1:43,30 Min.
1500 m	Hicham El Guerrouj (Marokko)	3:27,65 Min.
5000 m	Salah Hissou (Marokko)	12:58,13 Min.
10 000 m	Haile Gebrselassie (Äthiopien)	27:57,27 Min.
Marathon	Abel Anton (Spanien)	2:13:36 Std.
20 km Gehen	Ilja Markow (Rußland)	1:23:34 Std.
50 km Gehen	German Skurygin (Rußland)	3:44:23 Std.
110 m Hürden	Colin Jackson (Großbritanien)	13,04 Sek.
400 m Hürden	Fabrizio Mori (Italien)	47,72 Sek.
3000 m Hindernis	Christopher Koskei (Kenia)	8:11,76 Min.
Hochsprung	Wjatscheslaw Woronin (Rußland)	2,37 m
Stabhochsprung	Maksim Tarasow (Rußland)	6,02 m
Weitsprung	Ivan Pedroso (Kuba)	8,56 m
Dreisprung	Charles Friedek (Leverkusen)	17,59 m
Kugelstoßen	Cottrell John Hunter (USA)	21,79 m
Diskuswerfen	Anthony Washington (USA)	69,08 m
Hammerwerfen	Karsten Kobs (Dortmund)	80,24 m
Speerwerfen	Aki Parviainen (Finnland)	89,52 m
Zehnkampf	Tomas Dvorak (Tschechien)	8744 Punkte

EINE PRODUKTION DES COPRESS-TEAMS, MÜNCHEN

Lektorat und Bildlegenden	Pierre Sick
Bildredaktion	Günter R. Müller, Pierre Sick
Produktion & Layout	VerlagsService Dr. Helmut Neuberger & Karl Schaumann GmbH
Umschlaggestaltung	C. A. F Günter R. Müller
Alle Abbildungen von	SVEN SIMON
Die Deutsche Bibliothek – CIP-Einheitsaufnahme	World Championships in Athletics <7, 1999, Sevilla>: Leichtathletik-WM '99 Sevilla : [offizielle Dokumentation des Deutschen Leichtathletik-Verbandes] / Jutta Deiss. Fotos von Sven Simon. - München : Copress-Verl., 1999 ISBN 3-7679-0509-4

| Printed in | Germany |
| ISBN | 3-7679-0509-4 |